ENZYKLIKA

ECCLESIA DE EUCHARISTIA

von Papst Johannes Paul II.

ENZYKLIKA

ECCLESIA DE EUCHARISTIA

von Papst Johannes Paul II.
an die Bischöfe,
an die Priester und Diakone,
an die gottgeweihten Personen
und an alle Christgläubigen
über die Eucharistie
in ihrer Beziehung zur Kirche

17. April 2003

Impressum: ENZYKLIKA ECCLESIA DE EUCHARISTIA

von Papst Johannes Paul II. an die Bischöfe, an die Priester und Diakone, an die gottgeweihten Personen und an alle Christgläubigen über die Eucharistie in ihrer Beziehung zur Kirche

vom 17.April 2003
(Verlautbarungen des Apostolischen Stuhle - 159)

Herausgeber Nachdruck: Hans-Jürgen Sträter

Druckgenehmigung: Verband der Diözesen Deutschlands/Bonn
vom 05.09.2013

ISBN-Nr: 978-3-7519-5591-1

Bilder: Arthur Elser, Heilbronn

Weitere Bücher vom Herausgeber Hans-Jürgen Sträter finden Sie hier:

Verlag: BoD · Books on Demand GmbH, Überseering 33, 22297 Hamburg, bod@bod.de
Druck: Libri Plureos GmbH, Friedensallee 273, 22763 Hamburg

Verlautbarungen des Apostolischen Stuhls - 159

Enzyklika
ECCLESIA DE EUCHARISTIA

von Papst Johannes Paul II.
an die Bischöfe,
an die Priester und Diakone,
an die gottgeweihten Personen
und an alle Christgläubigen
über die Eucharistie
in ihrer Beziehung zur Kirche

17. April 2003
3. Auflage

Herausgeber:
Sekretariat der Deutschen Bischofskonferenz
Bonner Talweg 177, 53129 Bonn

INHALT

EINLEITUNG

1. Die Kirche lebt von der Eucharistie. Diese Wahr-heit drückt nicht nur eine alltägliche Glaubenserfahrung aus, sondern enthält zusammenfassend den Kern des Mysteriums der Kirche. Mit Freude erfährt sie unaufhör-lich, dass sich auf vielfältige Weise die Verheißung erfüllt:»*Seid gewiss: Ich bin bei euch alle Tage bis zum Ende der Welt*« *(Mt 28, 20). In einzigartiger Intensität erfreut sie sich dieser Gegenwart jedoch in der heiligen Eucharistie, bei der Brot und Wein in Christi Leib und Blut verwandelt werden. Seitdem die Kirche, das Volk des Neuen Bundes, am Pfingsttag ihren Pilgerweg zur himmlischen Heimat begonnen hat, prägt dieses göttliche Sakrament unaufhörlich ihre Tage und erfüllt sie mit vertrauensvoller Hoffnung.*

Mit Recht hat das Zweite Vatikanische Konzil verkündet, dass das eucharistische Opfer »Quelle und Höhepunkt des ganzen christlichen Lebens«[1] ist. »Die heiligste Eucharistie enthält ja das Heilsgut der Kirche in seiner ganzen Fülle, Christus selbst, unser Osterlamm und das lebendige Brot. Durch sein Fleisch, das durch den Heiligen Geist lebt und Leben schafft, spendet er den Menschen das Leben«.[2] Deshalb ist der Blick der Kirche fortwährend auf den Herrn gerichtet, der gegenwärtig ist im Sakrament des Altares, in dem sie den vollkommenen Ausdruck seiner unendlichen Liebe entdeckt.

2. Während des Großen Jubiläums des Jahres 2000 durfte ich die Eucharistie im Abendmahlssaal in Jerusalem feiern, dort, wo sie nach der Überlieferung zum erstenmal von Christus selbst vollzogen wurde.

Der Abendmahlssaal ist der Ort der Einsetzung dieses heiligsten Sakramentes.

Dort nahm Christus das Brot in seine Hände, brach es und gab es seinen Jüngern mit den Worten: »Nehmet und esset alle davon: Das ist mein Leib, der für euch hingegeben wird« (vgl. *Mt* 26, 26; *Lk* 22, 19; *1 Kor* 11, 24). Dann nahm er den Kelch mit Wein in seine Hände und sagte zu ihnen: »Nehmet und trinket alle daraus: Das ist der Kelch des neuen und ewigen Bundes, mein Blut, das für euch und für alle vergossen wird zur Vergebung der Sünden« (vgl. *Mk* 14, 24; *Lk* 22, 20; *1 Kor* 11, 25). Ich bin dem Herrn Jesus dankbar, dass ich an diesem Ort in Gehorsam gegenüber seinem Auftrag »Tut dies zu meinem Gedächtnis!« (*Lk* 22, 19) die Worte wiederholen durfte, die er vor zweitausend Jahren gesprochen hat.

Haben die Apostel, die beim Letzten Abendmahl teilnahmen, den Sinn der Worte aus dem Mund Christi verstanden? Wahrscheinlich nicht. Diese Worte sollten erst am Ende des *Triduum sacrum*, des Zeitraums vom Donnerstagabend bis zum Sonntagmorgen, ganz klar werden. In diese Tage ist das *mysterium paschale* eingeschrieben, in sie ist auch das *mysterium eucharisticum* eingeschrieben.

3. Aus dem Ostermysterium geht die Kirche hervor. Genau deshalb steht die Eucharistie als Sakrament des Ostermysteriums schlechthin *im Mittelpunkt des kirchlichen Lebens*. Das sieht man bereits an den ersten Bildern für die Kirche, die uns in der Apostelgeschichte überliefert werden: »Sie hielten an der Lehre der Apostel fest und an der Gemeinschaft, am Brechen des Brotes und an den Gebeten« (*Apg* 2, 42). Im »Brechen des Brotes« ist die Eucharistie angedeutet. Nach zweitausend Jahren verwirklichen wir noch immer dieses ursprüngliche Bild für die Kirche.

Und während wir dies in der Eucharistiefeier tun, richten sich die Augen unserer Seele auf das österliche Triduum: auf das, was sich während des Letzten Abendmahls am Gründonnerstag ereignete, und was danach folgte. Die Einsetzung der Eucharistie nahm in der Tat auf sakramentale Weise die Ereignisse vorweg, die sich, beginnend mit der Todesangst in Getsemani, kurz darauf zutragen sollten. Wiederum sehen wir Jesus, der den Abendmahlssaal verlässt und mit seinen Jüngern in das Tal hinabsteigt, um den Bach Kidron zu überqueren und zum Garten am Ölberg zu gelangen. In diesem Garten sind noch heute einige uralte Olivenbäume. Vielleicht waren sie Zeugen der Ereignisse, die sich an jenem Abend in ihrem Schatten zugetragen haben, als Christus im Gebet von Todesangst ergriffen und sein Schweiß »wie Blut« wurde, »das auf die Erde tropfte« (*Lk* 22, 44). Das Blut, das er kurz zuvor im Sakrament der Eucharistie der Kirche als Trank des Heiles übergeben hatte, *begann vergossen zu werden*. Das Vergießen seines Blutes sollte sich dann auf Golgota vollenden, um das Werkzeug unserer Erlösung zu werden: »Christus [...] ist gekommen als Hoherpriester der künftigen Güter; [...] er ist ein für allemal in das Heiligtum hineingegangen, nicht mit dem Blut von Böcken und jungen Stieren, sondern mit seinem eigenen Blut, und so hat er eine ewige Erlösung bewirkt« (*Hebr* 9, 11-12).

4. *Die Stunde unserer Erlösung.* Obgleich unsagbar geprüft, flieht Jesus nicht vor seiner »Stunde«: »Was soll ich sagen: Vater, rette mich aus dieser Stunde? Aber deshalb bin ich in diese Stunde gekommen!« (*Joh* 12, 27).

Er möchte, dass die Jünger bei ihm bleiben, muss aber Einsamkeit und Verlassenheit erfahren: »Konntet ihr nicht einmal eine Stunde mit mir wachen? Wacht und betet, damit ihr nicht in Versuchung geratet« (*Mt* 26, 40-41). Nur Johannes bleibt mit Maria und den frommen Frauen unter dem Kreuz. Die Todesangst in Getsemani hat die Todesangst des Kreuzes am Karfreitag eingeleitet: *die heilige Stunde*, die Stunde der Erlösung der Welt. Wenn man die Eucharistie am Grab Jesu in Jerusalem feiert, kehrt man in fast greifbarer Weise zu seiner »Stunde« zurück, zur Stunde des Kreuzes und der Verherrlichung. An diesen Ort und in diese Stunde kehrt in geistlicher Weise jeder Priester zurück, der die heilige Messe feiert, und mit ihm die christliche Gemeinde, die daran teilnimmt.

»Gekreuzigt, gestorben und begraben, hinabgestiegen in das Reich des Todes, am dritten Tage auferstanden von den Toten«. Die Worte des Glaubensbekenntnisses finden ein Echo in den Worten der Betrachtung und der Verkündigung: »*Ecce lignum crucis in quo salus mundi pependit. Venite adoremus*«. Diese Einladung richtet die Kirche am Nachmittag des Karfreitags an alle Menschen. Während der Osterzeit nimmt sie ihren Gesang wieder auf und verkündet: »*Surrexit Dominus de sepulcro qui pro nobis pependit in ligno. Alleluia*«.

5. »*Mysterium fidei!* – Geheimnis des Glaubens!«. Auf diese Worte, die vom Priester gesprochen oder gesungen werden, antworten die Mitfeiernden: »Deinen Tod, o Herr, verkünden wir, und deine Auferstehung preisen wir, bis du kommst in Herrlichkeit«.

Mit diesen oder ähnlichen Worten weist die Kirche auf Christus im Geheimnis seines Leidens hin und *offenbart darin auch ihr eigenes Mysterium: Ecclesia de Eucharistia.* Wenn die Kirche mit der pfingstlichen Gabe des Heiligen Geistes ans Licht tritt und sich auf die Straßen der Welt begibt, so ist ein entscheidender Moment ihrer Entstehung sicherlich die Einsetzung der Eucharistie im Abendmahlssaal. Ihr Fundament und ihre Quelle ist das gesamte *Triduum paschale.* Dieses aber ist in der eucharistischen Gabe gewissermaßen gesammelt, vorweggenommen und für immer »konzentriert«. In dieser Gabe übereignete Jesus Christus der Kirche die immerwährende Vergegenwärtigung des Ostermyste-riums. Mit ihr stiftete er eine geheimnisvolle »Gleich-zeitigkeit« zwischen jenem *Triduum* und dem Gang aller Jahrhunderte.

Dieser Gedanke weckt in uns ein großes und dankbares Staunen. Im Ostergeschehen und in der Eucharistie, die es durch die Jahrhunderte hindurch gegenwärtig macht, liegt ein enormes »Potential«, in dem die ganze Geschichte als Adressat der Erlösungsgnade enthalten ist. Dieses Staunen muss die Kirche immer ergreifen, wenn sie sich zur Feier der Eucharistie versammelt. Aber in besonderer Weise muss es den Spender der Eucharistie begleiten. Dank der Gnade, die ihm durch das Sakrament der Priesterweihe verliehen wurde, kann er die Wandlung vollziehen. Er spricht mit der Vollmacht, die ihm von Christus aus dem Abendmahlssaal zukommt: »Das ist mein Leib, der für euch hingegeben wird... Das ist der Kelch des neuen und ewigen Bundes, mein Blut, das für euch vergossen wird...«.

Der Priester spricht diese Worte und *stellt seinen Mund und seine Stimme jenem zur Verfügung, der diese Worte im Abendmahlssaal gesprochen hat*, und der wollte, dass sie von Generation zu Generation von all denen wiederholt werden, die in der Kirche durch die Weihe an seinem Priestertum teilhaben.

6. Dieses »Staunen« über die Eucharistie möchte ich mit der vorliegenden Enzyklika neu wecken, und zwar in Fortführung jenes Erbes des Jubiläums, das ich der Kirche mit dem Apostolischen Schreiben *Novo millennio ineunte* und mit seiner marianischen Krönung *Rosarium Virginis Mariae* übergeben wollte. Das Antlitz Christi betrachten und es mit Maria betrachten, ist das »Programm«, auf das ich die Kirche am Beginn des dritten Jahrtausends hingewiesen habe und mit dem ich sie einlade, mit Enthusiasmus für die Neuevangelisierung auf das Meer der Geschichte hinauszufahren. Christus betrachten bedeutet ihn erkennen, wo immer er sich zeigt, in den vielfältigen Formen seiner Gegenwart, vor allem aber im lebendigen Sakrament seines Leibes und seines Blutes. *Die Kirche lebt vom eucharistischen Christus.* Von ihm wird sie genährt, von ihm wird sie erleuchtet. Die Eucharistie ist Geheimnis des Glaubens und zugleich »Geheimnis des Lichtes«.[3] Jedesmal, wenn die Kirche sie feiert, können die Gläubigen in gewisser Weise die Erfahrung der beiden Emmausjünger machen: »Da gingen ihnen die Augen auf, und sie erkannten ihn« (*Lk* 24, 31).

7. Seit Beginn meines Dienstes als Nachfolger Petri habe ich dem Gründonnerstag, dem Tag der Eucharistie und des Priestertums, immer besondere Aufmerksamkeit geschenkt und ein Schreiben an alle Priester der Welt gerichtet.

In diesem fünfundzwanzigsten Jahr meines Pontifikates möchte ich die gesamte Kirche in vertiefter Weise an dieser eucharistischen Betrachtung teilhaben lassen. Dabei möchte ich dem Herrn auch für das Geschenk der Eucharistie und des Priestertums danken: »Geschenk und Geheimnis«.[4] Wenn ich mit der Ausrufung des Rosenkranzjahres dieses fünfundzwanzigste Jahr meines Pontifikates *unter das Zeichen der Betrachtung Christi in der Schule Mariens* stellen wollte, kann ich diesen Gründonnerstag 2003 nicht verstreichen lassen, ohne vor dem »eucharistischen Antlitz« Christi zu verharren und die Kirche mit neuer Kraft auf die zentrale Bedeutung der Eucharistie hinzuweisen. Aus ihr lebt die Kirche. Von diesem »lebendigen Brot« nährt sie sich. Wie sollte man da nicht die Notwendigkeit verspüren, alle aufzufordern, diese Erfahrung stets neu zu machen?

8. Wenn ich an die Eucharistie denke und dabei auf mein Leben als Priester, Bischof und Nachfolger Petri blicke, erinnere ich mich spontan an die vielen Gelegenheiten und die vielen Orte, an denen ich sie feiern konnte. Ich erinnere mich an die Pfarrkirche von Niegowić, wo ich meine erste pastorale Aufgabe erfüllte, an die Kollegiatskirche des heiligen Florian in Krakau, an die Kathedrale auf dem Wawel, an die Peterskirche und an die vielen Basiliken und Kirchen in Rom und in der ganzen Welt. Ich konnte die heilige Messe in Kapellen feiern, die sich an Gebirgspfaden, an Seeufern, an Meeresküsten befinden; ich feierte sie auf Altären, die in Stadien oder auf den Plätzen der Städte errichtet waren... Dieser so vielfältige Rahmen meiner Eucharistiefeiern lässt mich deutlich erfahren, wie universal und gleichsam kosmisch die heilige Messe ist. Ja, kosmisch!

Denn auch dann, wenn man die Eucharistie auf dem kleinen Altar einer Dorfkirche feiert, feiert man sie immer in einem gewissen Sinn *auf dem Altar der Welt*. Sie verbindet Himmel und Erde. Sie umfasst und erfüllt alles Geschaffene. Der Sohn Gottes ist Mensch geworden, um alles Geschaffene in einem höchsten Akt des Lobes dem zurückzuerstatten, der es aus dem Nichts geschaffen hat. Indem der ewige Hohepriester durch das Blut seines Kreuzes in das ewige Heiligtum eintritt, erstattet er dem Schöpfer und Vater die ganze erlöste Schöpfung zurück. Das tut er durch das priesterliche Dienstamt der Kirche zur Ehre der heiligsten Dreifaltigkeit. Dies ist das *mysterium fidei*, das in der Eucharistie gegenwärtig wird: die Welt, die aus den Händen des Schöpfergottes hervorgegangen ist, kehrt als von Christus erlöste Welt zu Gott zurück.

9. Die Eucharistie ist die heilbringende Gegenwart Jesu in der Gemeinschaft der Gläubigen und ihre geistliche Nahrung, sie ist das wertvollste Gut, das die Kirche auf ihrem Weg durch die Geschichte haben kann. So erklärt sich die *besondere Aufmerksamkeit*, die sie dem eucharistischen Mysterium immer entgegengebracht hat; eine Aufmerksamkeit, die in verbindlicher Form in den Werken der Konzilien und der Päpste sichtbar wird. Wie könnte man nicht die lehramtlichen Darlegungen in den Dekreten über die heiligste Eucharistie und über das heilige Meßopfer bewundern, die das Konzil von Trient promulgiert hat? Diese Dekrete haben in den nachfolgenden Jahrhunderten sowohl die Theologie als auch die Katechese geleitet und sind noch immer dogmatischer Bezugspunkt für die fortwährende Erneuerung und für das Wachstum des Volkes Gottes im Glauben und in der Liebe zur Eucharistie.

Aus jüngerer Zeit sind drei Enzykliken zu nennen: die Enzyklika *Mirae Caritatis* (28. Mai 1902)[5] von Leo XIII., die Enzyklika *Mediator Dei* (20. November 1947)[6] von Pius XII. und die Enzyklika *Mysterium Fidei* (3. September 1965)[7] von Paul VI.

Das Zweite Vatikanische Konzil hat zwar kein eigenes Dokument über das eucharistische Mysterium veröffentlicht. Es hat aber dessen verschiedene Aspekte innerhalb des gesamten Bogens seiner Dokumente beleuchtet, besonders in der dogmatischen Konstitution über die Kirche *Lumen gentium* und in der Konstitution über die heilige Liturgie *Sacrosanctum Concilium*.

Ich selbst habe in den ersten Jahren meines apostolischen Dienstes auf dem Stuhl Petri mit dem Apostolischen Schreiben *Dominicae Cenae* (24. Februar 1980)[8] einige Aspekte des eucharistischen Mysteriums und seiner Bedeutung im Leben derer behandelt, die seine Diener sind. Heute greife ich dieses Thema wieder auf mit einem Herzen, das noch tiefer ergriffen und von Dankbarkeit erfüllt ist und gleichsam die Worte des Psalmisten widerhallen lässt: »Wie kann ich dem Herrn all das vergelten, was er mir Gutes getan hat. Ich will den Kelch des Heils erheben und anrufen den Namen des Herrn« (*Ps* 116, 12-13).

10. Dieser Verkündigung durch das Lehramt entspricht das innere Wachstum der christlichen Gemeinschaft. Ohne Zweifel war *die Liturgiereform des Konzils* von großem Gewinn für eine bewusstere, tätigere und fruchtbarere Teilnahme der Gläubigen am heiligen Opfer des Altares. An vielen Orten findet die *Anbetung des heiligsten Sakramentes* täglich einen weiten Raum und wird so zu einer unerschöpflichen Quelle der Heiligkeit.

Die andächtige Teilnahme der Gläubigen an der eucharistischen Prozession am Hochfest des Leibes und Blutes Christi ist eine Gnade des Herrn, welche die teilnehmenden Gläubigen jedes Jahr mit Freude erfüllt. Man könnte noch andere positive Zeichen des Glaubens und der Liebe zur Eucharistie erwähnen.

Leider *fehlt es* neben diesen Lichtstrahlen *nicht an Schatten*. Es gibt Orte, an denen der Kult der eucharistischen Anbetung fast völlig aufgegeben wurde. In dem einen oder anderen Bereich der Kirche kommen Missbräuche hinzu, die zur Schmälerung des rechten Glaubens und der katholischen Lehre über dieses wunderbare Sakrament beitragen. Bisweilen wird ein stark verkürzendes Verständnis des eucharistischen Mysteriums sichtbar. Es wird seines Opfercharakters beraubt und in einer Weise vollzogen, als ob es den Sinn und den Wert einer brüderlichen Mahlgemeinschaft nicht übersteigen würde. Darüber hinaus wird manchmal die Notwendigkeit des Amtspriestertums, das in der apostolischen Sukzession gründet, verdunkelt, und die Sakramentalität der Eucharistie allein auf die Wirksamkeit in der Verkündigung reduziert. Von da aus gibt es hier und da ökumenische Initiativen, die zwar gut gemeint sind, aber zu eucharistischen Praktiken verleiten, die der Disziplin widersprechen, mit der die Kirche ihren Glauben zum Ausdruck bringt. Wie sollte man nicht über all dies tiefen Schmerz empfinden? Die Eucharistie ist ein zu großes Gut, um Zweideutigkeiten und Verkürzungen zu dulden.

Ich vertraue darauf, dass diese Enzyklika wirksam dazu beitragen kann, die Schatten nicht annehmbarer Lehren und Praktiken zu vertreiben, damit das Mysterium der Eucharistie weiterhin in seinem vollen Glanz erstrahle.

I. KAPITEL

GEHEIMNIS DES GLAUBENS

11. »In der Nacht, da er ausgeliefert wurde« (*1 Kor* 11, 23), hat der Herr Jesus das eucharistische Opfer seines Leibes und seines Blutes gestiftet. Die Worte des Apostels Paulus erinnern uns an die dramatischen Umstände, in denen die Eucharistie entstanden ist. Das Ereignis des Leidens und des Todes des Herrn ist unauslöschlich in sie eingeschrieben. Die Eucharistie ist nicht nur eine Erinnerung an dieses Ereignis, sondern seine sakramentale Vergegenwärtigung. Sie ist das Kreuzesopfer, das durch die Jahrhunderte fortdauert.[9] Diese Wahrheit kommt treffend in den Worten zum Ausdruck, mit denen das Volk im lateinischen Ritus auf den Ruf des Priesters »Geheimnis des Glaubens« antwortet: *»Deinen Tod, o Herr, verkünden wir!«*.

Die Kirche hat die Eucharistie von Christus, ihrem Herrn, nicht als eine kostbare Gabe unter vielen anderen erhalten, sondern als *die Gabe schlechthin*, da es die Gabe seiner selbst ist, seiner Person in seiner heiligen Menschheit wie auch seines Erlösungswerkes. Dieses beschränkt sich nicht auf die Vergangenheit, denn »alles, was Christus ist, und alles, was er für alle Menschen getan und gelitten hat, nimmt an der Ewigkeit Gottes teil, steht somit über allen Zeiten und wird ihnen gegenwärtig«.[10]

Wenn die Kirche die heilige Eucharistie, das Gedächtnis des Todes und der Auferstehung ihres Herrn, feiert, wird dieses zentrale Mysterium des Heils wirklich gegenwärtig und »vollzieht sich das Werk unserer Erlösung«.[11] Dieses Opfer ist für die Erlösung des Menschengeschlechts so entscheidend, dass Jesus Christus es vollbrachte und erst dann zum Vater zurückkehrte, *nachdem er uns das Mittel hinterlassen hatte, damit wir so daran teilnehmen können*, als ob wir selbst dabei gewesen wären. Jeder Gläubige kann auf diese Weise am Opfer Christi teilnehmen und seine Früchte in unerschöpflichem Maß erlangen. Das ist der Glaube, aus dem die christlichen Generationen im Laufe der Jahrhunderte gelebt haben. Diesen Glauben hat das Lehramt der Kirche unaufhörlich mit freudiger Dankbarkeit für das unschätzbare Geschenk bekräftigt.[12] Ich möchte noch einmal an diese Wahrheit erinnern und mich mit euch, meine lieben Brüder und Schwestern, in Anbetung vor dieses Mysterium begeben: das große Geheimnis, das Geheimnis der Barmherzigkeit. Was hätte Jesus noch mehr für uns tun können? In der Eucharistie zeigt er uns wirklich eine Liebe, die »bis zur Vollendung« (*Joh* 13, 1) geht, eine Liebe, die kein Maß kennt.

12. Dieser Aspekt universaler Liebe des eucharistischen Sakramentes gründet in den Worten des Retters selbst. Bei der Einsetzung der Eucharistie beschränkte er sich nicht darauf zu sagen: »Das ist mein Leib…, das ist mein Blut«, sondern fügte hinzu: »der für euch hingegeben wird…, das für euch vergossen wird« (*Lk* 22, 19-20).

Er bekräftigte nicht nur, dass das, was er ihnen zu essen und zu trinken gab, sein Leib und sein Blut war, sondern brachte auch dessen *Opfercharakter* zum Ausdruck und ließ damit sein Opfer, das einige Stunden später am Kreuz für das Heil aller dargebracht werden sollte, auf sakramentale Weise gegenwärtig werden. »Die Messe ist zugleich und untrennbar das Opfergedächtnis, in welchem das Kreuzesopfer für immer fortlebt, und das heilige Mahl der Kommunion mit dem Leib und dem Blut des Herrn«.[13]

Die Kirche lebt unaufhörlich vom Erlösungsopfer. Ihm nähert sie sich nicht nur durch ein gläubiges Gedenken, sie tritt mit ihm auch wirklich in Kontakt. Denn *dieses Opfer wird gegenwärtig* und dauert auf sakramentale Weise in jeder Gemeinschaft fort, in der es durch die Hände des geweihten Priesters dargebracht wird. Auf diese Weise wendet die Eucharistie den Menschen von heute die Versöhnung zu, die Christus ein für allemal für die Menschen aller Zeiten erworben hat. In der Tat: »Das Opfer Christi und das Opfer der Eucharistie sind *ein einziges Opfer*«.[14] Das sagte kraftvoll bereits der heilige Johannes Chrysostomus: »Wir opfern immer das gleiche Lamm, und nicht heute das eine und morgen ein anderes, sondern immer dasselbe. Aus diesem Grund ist das Opfer immer nur eines. [...] Auch heute bringen wir jenes Opferlamm dar, das damals geopfert worden ist und das sich niemals verzehren wird«.[15]

Die Messe macht das Opfer des Kreuzes gegenwärtig, sie fügt ihm nichts hinzu und vervielfältigt es auch nicht.[16]

Was sich wiederholt, ist die *Gedächtnis*feier, seine »gedenkende Darstellung« (*memorialis demonstratio*),[17] durch die das einzige und endgültige Erlösungsopfer Christi in der Zeit gegenwärtig wird. Der Opfercharakter des eucharistischen Mysteriums kann deswegen nicht als etwas in sich Stehendes verstanden werden, unabhängig vom Kreuz oder nur mit einem indirekten Bezug zum Opfer von Kalvaria.

13. Kraft ihrer innigen Beziehung mit dem Opfer von Golgota ist die Eucharistie *Opfer im eigentlichen Sinn*, und nicht nur in einem allgemeinen Sinn, als ob es sich um eine bloße Hingabe Christi als geistliche Speise an die Gläubigen handelte. Das Geschenk seiner Liebe und seines Gehorsams bis zur Vollendung des Lebens (vgl. *Joh* 10, 17-18) ist in erster Linie eine Gabe an seinen Vater. Natürlich ist es Gabe für uns, ja für die ganze Menschheit (vgl. *Mt* 26, 28; *Mk* 14, 24; *Lk* 22, 20; *Joh* 10, 15), aber dennoch *vor allem Gabe an den Vater*: »ein Opfer, das der Vater angenommen hat, indem er für die Ganzhingabe seines Sohnes, der "gehorsam wurde bis zum Tod" (*Phil* 2, 8), die ihm als Vater eigene Gabe zurückschenkte, d.h. ein neues, ewiges Leben in der Auferstehung«.[18]

Indem Christus der Kirche sein Opfer schenkte, wollte er sich auch das geistliche Opfer der Kirche zu eigen machen, die berufen ist, mit dem Opfer Christi auch sich selbst darzubringen. Das lehrt uns das Zweite Vatikanische Konzil im Hinblick auf alle Gläubigen: »In der Teilnahme am eucharistischen Opfer, der Quelle und dem Höhepunkt des ganzen christlichen Lebens, bringen sie das göttliche Opferlamm Gott dar und sich selbst mit ihm«.[19]

14. Das Pascha Christi umfasst mit dem Leiden und dem Tod auch seine Auferstehung. Daran erinnert die Akklamation des Volkes nach der Wandlung: *»Deine Auferstehung preisen wir«*. Tatsächlich macht das eucharistische Opfer nicht nur das Mysterium vom Leiden und Tod des Erlösers gegenwärtig, sondern auch das Mysterium der Auferstehung, in der das Opfer seine Vollendung findet. Weil Christus lebt und auferstanden ist, kann er sich in der Eucharistie zum »Brot des Lebens« (*Joh* 6, 35.48), zum »lebendigen Brot« (*Joh* 6, 51) machen. Daran erinnerte der heilige Ambrosius die Neugetauften und wandte das Ereignis der Auferstehung auf ihr Leben an: »Wenn heute Christus dein ist, so steht er für dich jeden Tag von den Toten auf«.[20] Der heilige Cyrill von Alexandrien unterstrich seinerseits, dass die Teilnahme an den heiligen Mysterien »ein wahres Bekenntnis und ein wahres Gedächtnis daran sind, dass der Herr gestorben und zum Leben zurückgekehrt ist für uns und für unser Heil«.[21]

15. Die sakramentale Vergegenwärtigung des durch die Auferstehung vollendeten Opfers Christi in der heiligen Messe beinhaltet eine ganz besondere Gegenwartsweise, die – um die Worte von Paul VI. aufzugreifen – »"wirklich" genannt wird, nicht im ausschließlichen Sinn, als ob die anderen Gegenwartsweisen nicht "wirklich" wären, sondern hervorhebend, weil sie substantiell ist und infolgedessen den ganzen und vollständigen Christus, den Gottmenschen, gegenwärtig macht«.[22] So wird die immer gültige Lehre des Konzils von Trient bekräftigt: »Durch die Konsekration des Brotes und Weines geschieht eine Verwandlung der ganzen Substanz des Brotes in die Substanz des Leibes Christi, unseres Herrn, und der ganzen Substanz des Weines in die Substanz seines Blutes.

Diese Wandlung wurde von der heiligen katholischen Kirche treffend und im eigentlichen Sinne Wesensverwandlung genannt«.[23] Die Eucharistie ist wirklich *mysterium fidei*, ein Geheimnis, das unser Denken übersteigt und das nur im Glauben erfasst werden kann. Daran erinnern die Kirchenväter oft in ihren Katechesen über dieses göttliche Sakrament: Der heilige Cyrill von Jerusalem mahnt: »Schau in Brot und Wein nicht nur die natürlichen Elemente an, denn der Herr hat ausdrücklich gesagt, dass sie sein Leib und sein Blut sind: Der Glaube versichert es dir, auch wenn die Sinne dir anderes einreden«.[24]

»*Adoro te devote, latens Deitas*«, singen wir immerfort mit dem heiligen Thomas von Aquin. Angesichts dieses Geheimnisses der Liebe wird die ganze Begrenztheit der menschlichen Vernunft erfahrbar. Man versteht, wie diese Wahrheit im Laufe der Jahrhunderte die Theologie angeregt hat, durch harte Anstrengungen in ihr Verständnis einzudringen.

Diese Anstrengungen sind lobenswert und um so nützlicher und fruchtbarer, je mehr sie den kritischen Einsatz des Denkens mit dem »gelebten Glauben« der Kirche zu verbinden vermögen, der sich besonders zeigt im »sicheren Charisma der Wahrheit« des Lehramtes und in der »inneren Einsicht […] aus geistlicher Erfahrung«,[25] die vor allem die Heiligen erlangen. Paul VI. hat auf die Grenze hingewiesen, die bestehen bleibt: »Jede theologische Erklärung, die sich um das Verständnis dieses Geheimnisses bemüht, muss, um mit unserem Glauben übereinstimmen zu können, daran festhalten, dass Brot und Wein der Substanz nach, unabhängig von unserem Denken, nach der Konsekration zu bestehen aufgehört haben, so dass nunmehr der anbetungswürdige Leib und das anbetungswürdige Blut unseres Herrn vor uns gegenwärtig sind unter den sakramentalen Gestalten von Brot und Wein«.[26]

16. In Fülle verwirklicht sich die heilbringende Wirkung des Opfers, wenn wir in der Kommunion den Leib und das Blut des Herrn empfangen. Das eucharistische Opfer ist in sich auf die innige Gemeinschaft von uns Gläubigen mit Christus in der Kommunion ausgerichtet: Wir empfangen ihn selbst, der sich für uns hingegeben hat, seinen Leib, den er für uns am Kreuz dargebracht hat, sein Blut, das er »für viele« vergossen hat »zur Vergebung der Sünden« (*Mt* 26, 28). Erinnern wir uns an seine Worte: »Wie mich der lebendige Vater gesandt hat, und wie ich durch den Vater lebe, so wird jeder, der mich isst, durch mich leben« (*Joh* 6, 57). Jesus selbst versichert uns, dass eine derartige Vereinigung, die er in eine Analogie zur Einheit des dreifaltigen Gottes setzt, sich wahrhaft verwirklicht. *Die Eucharistie ist ein wahres Mahl*, in dem sich Christus als Nahrung darbietet. Als Jesus zum erstenmal diese Speise ankündigte, waren die Zuhörer erstaunt und verwirrt und zwangen den Meister, die objektive Wahrheit seiner Worte zu unterstreichen: »Amen, amen, das sage ich euch: Wenn ihr das Fleisch des Menschensohnes nicht esst und sein Blut nicht trinkt, habt ihr das Leben nicht in euch« (*Joh* 6, 53). Es handelt sich nicht um eine Speise in einem bildhaften Sinn: »Mein Fleisch ist wirklich eine Speise, und mein Blut ist wirklich ein Trank« (*Joh* 6, 55).

17. Durch die Teilhabe an seinem Leib und an seinem Blut teilt Christus uns auch seinen Geist mit. Der heilige Ephräm schreibt: »Er nannte das Brot seinen lebendigen Leib, er erfüllte es mit sich selbst und mit seinem Geist. [...] Und der, der es mit Glauben isst, isst Feuer und Geist. [...] Nehmt davon, esst alle davon und esst mit ihm den Heiligen Geist. Es ist wirklich mein Leib und der, der ihn isst, wird ewig leben«.[27] Die Kirche erbittet diese göttliche Gabe, die die Wurzel aller anderen Gaben ist, in der eucharistischen Epiklese. In der *Göttlichen Liturgie* des heiligen Johannes Chrysostomus heißt es zum Beispiel: »Wir rufen dich an, wir bitten dich und wir flehen dich an: Sende deinen Heiligen Geist über uns alle und über diese Gaben, [...] damit alle, die daran teilhaben, Reinigung der Seele, Vergebung der Sünden, Gemeinschaft des Heiligen Geistes erlangen mögen«.[28] Und im *Römischen Messbuch* betet der Priester: »Stärke uns durch den Leib und das Blut deines Sohnes und erfülle uns mit seinem Heiligen Geist, damit wir ein Leib und ein Geist werden in Christus«.[29] So lässt Christus durch die Gabe seines Leibes und seines Blutes in uns die Gabe seines Geistes wachsen, der uns schon in der Taufe eingegossen und im Sakrament der Firmung als »Siegel« geschenkt wurde.

18. Die Akklamation des Volkes nach der Wandlung endet treffend mit dem Bekenntnis der eschatologischen Perspektive, welche die Eucharistiefeier auszeichnet (vgl. *1 Kor* 11, 26): »... bis du kommst in Herrlichkeit«. Die Eucharistie bedeutet Spannung auf das Ziel hin, Vorgeschmack der vollkommenen Freude, die Christus versprochen hat (vgl. *Joh* 15, 11); in gewisser Weise ist sie Vorwegnahme des Paradieses, »Unterpfand der künftigen Herrlichkeit«.[30]

In der Eucharistie drückt alles die vertrauensvolle Erwartung aus, dass »wir voll Zuversicht das Kommen unseres Erlösers Jesus Christus erwarten«.[31] Wer sich von Christus in der Eucharistie nährt, muss nicht das Jenseits erwarten, um das ewige Leben zu erlangen: *Er besitzt es schon auf Erden* als Erstlingsgabe der künftigen Fülle, die den ganzen Menschen betreffen wird. In der Eucharistie empfangen wir tatsächlich auch die Garantie der leiblichen Auferstehung am Ende der Welt: »Wer mein Fleisch isst und mein Blut trinkt, hat das ewige Leben, und ich werde ihn auferwecken am Letzten Tag« (*Joh* 6, 54). Diese Garantie der künftigen Auferstehung kommt aus der Tatsache, dass das Fleisch des Menschensohnes, das uns zur Speise gereicht wird, sein Leib im verherrlichten Zustand des Auferstandenen ist. Mit der Eucharistie nehmen wir sozusagen das »Geheimnis« der Auferstehung in uns auf. Deshalb definierte der heilige Ignatius von Antiochien das eucharistische Brot zu Recht als »Medizin der Unsterblichkeit, Gegengift gegen den Tod«.[32]

19. Die eschatologische Spannung, die durch die Eucharistie wachgerufen wird, *drückt die Gemeinschaft mit der himmlischen Kirche aus und stärkt sie*. Es ist kein Zufall, dass die orientalischen Anaphoren und die eucharistischen Hochgebete des lateinischen Ritus das ehrfürchtige Gedenken Mariens, der allzeit jungfräulichen Mutter unseres Herrn und Gottes Jesus Christus, der Engel, der heiligen Apostel, der ruhmreichen Märtyrer und aller Heiligen enthalten. Dies ist ein Aspekt der Eucharistie, der es verdient, hervorgehoben zu werden:

Während wir das Opfer des Lammes feiern, vereinen wir uns mit der himmlischen Liturgie und gesellen uns zu jener gewaltigen Schar, die ruft: »Die Rettung kommt von unserem Gott, der auf dem Thron sitzt, und von dem Lamm!« (*Offb* 7, 10). Die Eucharistie ist wirklich ein Aufbrechen des Himmels, der sich über der Erde öffnet. Sie ist ein Strahl der Herrlichkeit des himmlischen Jerusalem, der die Wolken unserer Geschichte durchdringt und Licht auf unseren Weg wirft.

20. Eine bedeutsame Konsequenz der eschatologischen Spannung, die in die Eucharistie eingeschrieben ist, besteht auch darin, dass sie uns auf dem Weg durch die Geschichte einen Impuls gibt und in die tägliche Arbeit und Pflicht eines jeden einen Samen lebendiger Hoffnung legt. Wenn die christliche Sichtweise nämlich dazu führt, auf »einen neuen Himmel« und »eine neue Erde« zu blicken (vgl. *Offb* 21, 1), so schwächt dies nicht, sondern *fördert unseren Verantwortungssinn für die gegenwärtige Welt*.[33] Ich möchte dies mit Nachdruck am Beginn des neuen Jahrtausends bekräftigen, damit die Christen sich mehr denn je angespornt fühlen, ihre Pflichten als Bürger dieser Erde nicht zu vernachlässigen. Es ist ihre Aufgabe, mit dem Licht des Evangeliums zum Aufbau einer menschenwürdigen Welt im vollkommenen Einklang mit dem Plan Gottes beizutragen.

Viele Probleme verdunkeln den Horizont unserer Zeit. Es mag genügen, an die Dringlichkeit zu erinnern, für den Frieden zu arbeiten, solide und in Gerechtigkeit und Solidarität verankerte Voraussetzungen für die Beziehungen zwischen den Völkern zu schaffen, das menschliche Leben von der Empfängnis bis zu seinem natürlichen Ende zu verteidigen.

Und was soll man zu den tausend Widersprüchen einer »globalisierten« Welt sagen, in der die Schwächsten, die Kleinsten und die Ärmsten scheinbar wenig zu erhoffen haben? Gerade in dieser Welt muss die christliche Hoffnung aufstrahlen! Auch deshalb wollte der Herr in der Eucharistie bei uns bleiben; in seine Gegenwart im Opfer und im Gastmahl ist die Verheißung einer Menschheit eingeschrieben, die durch seine Liebe erneuert ist. Es ist bedeutungsvoll, dass das Johannesevangelium dort, wo die synoptischen Evangelien die Einsetzung der Eucharistie überliefern, den Bericht über die »Fußwaschung« enthält, in der Jesus sich zum Meister der Gemeinschaft und des Dienstes macht (vgl. *Joh* 13, 1-20), um so die tiefe Bedeutung der Eucharistie zu erläutern. Der Apostel Paulus wertet seinerseits die Teilnahme der christlichen Gemeinde am Herrenmahl als »unwürdig«, wenn es in ihr Spaltungen gibt und sie den Armen gegenüber gleichgültig ist (vgl. *1 Kor* 11, 17-22.27-34).[34]

Den Tod des Herrn verkünden, »bis er kommt« (*1 Kor* 11, 26), bringt für alle, die an der Eucharistie teilnehmen, den Auftrag mit sich, das Leben zu »verwandeln«, damit es in gewisser Weise ganz »eucharistisch« werde. Genau diese Frucht der Verwandlung der Existenz wie auch der Auftrag, die Welt nach dem Evangelium umzugestalten, lassen die eschatologische Spannung der Eucharistiefeier und des ganzen christlichen Lebens aufleuchten: »*Komm, Herr Jesus!*« (*Offb* 22, 20).

II. KAPITEL

DIE EUCHARISTIE BAUT DIE KIRCHE AUF

21. Das Zweite Vatikanische Konzil hat daran erinnert, dass die Feier der Eucharistie im Zentrum des Wachstumsprozesses der Kirche steht. Nach der Aussage: »Die Kirche, das heißt das im Mysterium schon gegenwärtige Reich Christi, wächst durch die Kraft Gottes sichtbar in der Welt«,[35] fügt das Konzil hinzu, als ob es auf die Frage »Wie wächst sie?« antworten wollte: »Sooft das Kreuzesopfer, in dem Christus, unser Osterlamm, dahingegeben wurde (vgl. *1 Kor* 5, 7), auf dem Altar gefeiert wird, vollzieht sich das Werk unserer Erlösung. Zugleich wird durch das Sakrament des eucharistischen Brotes die Einheit der Gläubigen, die einen Leib in Christus bilden, dargestellt und verwirklicht (vgl. *1 Kor* 10, 17)«.[36]

Ein ursächlicher Einfluss der Eucharistie zeigt sich am Ursprung der Kirche selbst. Die Evangelisten beschreiben genau, dass es die Zwölf, die Apostel, waren, die mit Jesus zum Letzten Abendmahl zusammenkamen (vgl. *Mt* 26, 20; *Mk* 14, 17; *Lk* 22, 14). Dies ist ein Detail von beträchtlicher Bedeutung, denn die Apostel »bildeten die Keime des neuen Israel und zugleich den Ursprung der heiligen Hierarchie«.[37] Indem Christus ihnen seinen Leib und sein Blut zur Speise gab, bezog er sie auf geheimnisvolle Weise in das Opfer ein, das wenige Stunden später auf Kalvaria vollbracht werden sollte. Analog zum Bundesschluss am Sinai, der durch das Opfer und die Besprengung mit Blut besiegelt wurde,[38] legen die Handlungen und Worte Jesu beim Letzten Abendmahl das Fundament für die neue messianische Gemeinschaft, das Volk des Neuen Bundes.

Als die Apostel im Abendmahlssaal die Einladung Jesu »Nehmt und esst... Trinkt alle daraus...« (*Mt* 26, 26-27) annahmen, traten sie zum erstenmal in sakramentale Gemeinschaft mit ihm. Von diesem Augenblick an bis zum Ende der Zeiten wird die Kirche durch die sakramentale Gemeinschaft mit dem Sohn Gottes auferbaut, der sich für uns geopfert hat: »Tut dies zu meinem Gedächtnis!... Tut dies, sooft ihr daraus trinkt, zu meinem Gedächtnis!« (*1 Kor* 11, 24-25; vgl. *Lk* 22,19).

22. Die Eingliederung in Christus, die in der Taufe verwirklicht wird, erneuert und festigt sich beständig durch die Teilnahme am eucharistischen Opfer, vor allem durch die volle Teilnahme am Opfer in der sakramentalen Kommunion. Wir können sagen, dass nicht nur *jeder einzelne von uns Christus empfängt*, sondern auch, dass *Christus jeden einzelnen von uns empfängt*. Er schließt Freundschaft mit uns: »Ihr seid meine Freunde« (*Joh* 15, 14). Durch ihn haben wir das Leben: »So wird jeder, der mich isst, durch mich leben« (*Joh* 6, 57). In der eucharistischen Kommunion verwirklicht sich in höchster Weise das »Innewohnen« Christi im Jünger und des Jüngers in Christus: »Bleibt in mir, dann bleibe ich in euch« (*Joh* 15, 4).

Durch die Vereinigung mit Christus verschließt sich das Volk des Neuen Bundes keineswegs in sich selbst, sondern wird vielmehr zum »Sakrament« für die Menschheit,[39] zum Zeichen und Werkzeug des von Christus gewirkten Heiles, zum Licht der Welt und zum Salz der Erde (vgl. *Mt* 5, 13-16) für die Erlösung aller.[40] Die Sendung der Kirche führt die Sendung Christi weiter: »Wie mich der Vater gesandt hat, so sende ich euch« (*Joh* 20, 21).

Aus der Fortdauer des Kreuzesopfers in der Eucharistie und aus der Gemeinschaft mit dem Leib und dem Blut Christi schöpft die Kirche die notwendige geistliche Kraft, um ihre Sendung zu erfüllen. So zeigt sich die Eucharistie als *Quelle* und zugleich als *Höhepunkt* der ganzen Evangelisierung, da ihr Ziel die Gemeinschaft der Menschen mit Christus und in ihm mit dem Vater und mit dem Heiligen Geist ist.[41]

23. Mit der eucharistischen Kommunion wird die Kirche zugleich in ihrer Einheit als Leib Christi gefestigt. Der heilige Paulus bezieht sich auf diese *einheitsstiftende Wirkung* der Teilnahme am eucharistischen Mahl, wenn er an die Korinther schreibt: »Ist das Brot, das wir brechen, nicht Teilhabe am Leib Christi? Ein Brot ist es. Darum sind wir viele ein Leib; denn wir alle haben teil an dem einen Brot« (*1 Kor* 10, 16-17). Der heilige Johannes Chrysostomus kommentiert treffend und tiefsinnig: »Was ist denn das Brot wirklich? Es ist der Leib Christi. Was werden die, welche ihn empfangen? Sie werden Leib Christi; aber nicht viele Leiber, sondern ein einziger Leib. In der Tat ist das Brot ganz eins, obgleich es aus vielen Körnern besteht, die sich in ihm befinden, auch wenn man sie nicht sieht und ihre Verschiedenheit zugunsten ihrer gegenseitigen vollkommenen Verschmelzung verschwindet. Ebenso sind auch wir auf die gleiche Weise untereinander geeint und alle miteinander mit Christus«.[42] Die Argumentation ist überzeugend: Unsere Vereinigung mit Christus, die Geschenk und Gnade für jeden einzelnen ist, bewirkt, dass wir in ihm auch zur Einheit seines Leibes, zur Kirche, zusammengefügt werden. Die Eucharistie festigt die Eingliederung in Christus, die in der Taufe durch die Gabe des Geistes grundgelegt worden ist (vgl. *1 Kor* 12, 13.27).

Das geeinte und untrennbare Handeln des Sohnes und des Heiligen Geistes, das der Kirche, ihrem Entstehen und ihrem Fortdauern zugrundeliegt, ist in der Eucharistie wirksam. Dies ist dem Verfasser der *Liturgie des heiligen Jakobus* wohl bewusst: Denn in der Epiklese der Anaphora wird Gott Vater gebeten, dass er den Heiligen Geist auf die Gläubigen und auf die Gaben herabkommen lasse, damit der Leib und das Blut Christi »all denen, die daran teilhaben, [...] zur Heiligung der Seele und des Leibes gereichen«.[43] Die Kirche wird vom göttlichen Beistand gefestigt durch die Heiligung der Gläubigen in der Eucharistie.

24. Die Gabe Christi und seines Geistes, die wir in der eucharistischen Kommunion empfangen, erfüllt in über-reichem Maß die Sehnsucht nach brüderlicher Einheit, die im menschlichen Herzen wohnt. Zugleich hebt sie die Erfahrung brüderlicher Gemeinschaft, die der gemein-samen Teilnahme am selben eucharistischen Tisch innewohnt, auf eine Ebene, die weit über der bloßen Erfahrung menschlicher Mahlgemeinschaft liegt. Durch die Kommunion am Leib Christi dringt die Kirche immer tiefer in ihr Wesen ein, »in Christus gleichsam das Sakrament, das heißt Zeichen und Werkzeug für die innigste Vereinigung mit Gott wie für die Einheit der ganzen Menschheit«[44] zu sein.

Den Keimen der Entzweiung unter den Menschen, die - wie die tägliche Erfahrung zeigt - aufgrund der Sünde tief in die Menschheit eingegraben sind, stellt sich *die schöp-ferische Kraft der Einheit* des Leibes Christi entgegen. Die Eucharistie, die die Kirche auferbaut, schafft gerade dadurch Gemeinschaft unter den Menschen.

25. *Der Kult, welcher der Eucharistie außerhalb der Messe erwiesen wird,* hat einen unschätzbaren Wert im Leben der Kirche. Dieser Kult ist eng mit der Feier des eucharistischen Opfers verbunden. Die Gegenwart Christi unter den heiligen Gestalten, die nach der Messe aufbewahrt werden – eine Gegenwart, die so lange andauert, wie die Gestalten von Brot und Wein Bestand haben[45] –, kommt von der Feier des Opfers her und bereitet auf die sakramentale und die geistliche Kommunion vor.[46] Es obliegt den Hirten, zur Pflege des eucharistischen Kultes zu ermutigen, auch durch ihr persönliches Zeugnis, insbesondere zur Aussetzung des Allerheiligsten sowie zum anbetenden Verweilen vor Christus, der unter den eucharistischen Gestalten gegenwärtig ist.[47]

Es ist schön, bei ihm zu verweilen und wie der Lieblingsjünger, der sich an seine Brust lehnte (vgl. *Joh* 13, 25), von der unendlichen Liebe seines Herzens berührt zu werden. Wenn sich das Christentum in unserer Zeit vor allem durch die »Kunst des Gebetes«[48] auszeichnen soll, wie könnte man dann nicht ein erneuertes Verlangen spüren, lange im geistlichen Zwiegespräch, in stiller Anbetung, in einer Haltung der Liebe bei Christus zu verweilen, der im Allerheiligsten gegenwärtig ist? Wie oft, meine lieben Brüder und Schwestern, habe ich diese Erfahrung gemacht, und daraus Kraft, Trost und Stärkung geschöpft!

Von dieser Praxis, die das Lehramt wiederholt gelobt und empfohlen hat,[49] geben uns zahlreiche Heilige ein Beispiel.

In besonderer Weise zeichnete sich darin der heilige Alfons von Liguori aus, der schrieb: »Unter allen Frömmigkeitsformen ist die Anbetung des eucharistischen Christus die erste nach den Sakramenten; sie ist Gott am liebsten und uns am nützlichsten«.[50] Die Eucharistie ist ein unermesslicher Schatz: Nicht nur ihre Feier, sondern auch das Verweilen vor ihr außerhalb der Messe gestattet uns, an der Quelle der Gnade zu schöpfen. Wenn eine christliche Gemeinschaft noch fähiger werden möchte, das Antlitz Christi in jenem Geist zu betrachten, den ich in den Apostolischen Schreiben *Novo millennio ineunte* und *Rosarium Virginis Mariae* empfohlen habe, kann sie nicht darauf verzichten, den eucharistischen Kult zu pflegen, in dem die Früchte der Gemeinschaft am Leib und am Blut des Herrn fortdauern und sich vervielfachen.

III. KAPITEL

DIE APOSTOLIZITÄT DER EUCHARISTIE UND DER KIRCHE

26. Wenn die Eucharistie die Kirche auferbaut und die Kirche die Eucharistie vollzieht, wie ich eben in Erinnerung gerufen habe, so folgt daraus, dass es zwischen der Eucharistie und der Kirche eine sehr enge Verbindung gibt. Dies gilt in einem solchem Maß, dass wir auf das Mysterium der Eucharistie anwenden dürfen, was wir über die Kirche sagen, wenn wir sie im Glaubensbekenntnis von Nizäa-Konstantinopel als »die eine, heilige, katholische und apostolische Kirche« bekennen. Eine und katholisch ist auch die Eucharistie. Sie ist auch heilig, ja sie ist das heiligste Sakrament. Unsere Aufmerksamkeit wollen wir nun aber vor allem auf ihre Apostolizität richten.

27. Bei der Erklärung, wie die Kirche apostolisch, also auf die Apostel gegründet ist, weist der *Katechismus der Katholischen Kirche* auf einen *dreifachen Sinn* hin. Erstens »ist und bleibt sie "auf das Fundament der Apostel" gebaut (*Eph* 2, 20), auf die von Christus selbst erwählten und ausgesandten Zeugen«.[51] Die Apostel sind auch das Fundament der Eucharistie, nicht weil das Sakrament nicht auf Christus selbst zurückgeht, sondern weil Jesus es den Aposteln anvertraut hat und weil es von ihnen und ihren Nachfolgern bis zu uns weitergegeben wurde. Die Kirche feiert die Eucharistie durch die Jahrhunderte hindurch, indem sie das Handeln der Apostel weiterführt, die dem Auftrag des Herrn gehorsam waren.

Der zweite Sinn, wie die Kirche nach dem *Katechismus* apostolisch ist, besteht darin, dass »sie mit dem Beistand des in ihr wohnenden Geistes die Lehre, das Glaubensvermächtnis sowie die gesunden Grundsätze der Apostel [bewahrt] und sie weiter[gibt]«.[52] Auch in diesem zweiten Sinn ist die Eucharistie apostolisch, weil sie in Übereinstimmung mit dem Glauben der Apostel gefeiert wird. Das kirchliche Lehramt hat bei verschiedenen Gelegenheiten in der zweitausendjährigen Geschichte des Volkes des Neuen Bundes die Lehre über die Eucharistie, auch hinsichtlich der genauen Terminologie, präzisiert, um dadurch den apostolischen Glauben an dieses erhabene Mysterium zu schützen. Dieser Glaube bleibt unverändert, und es ist wesentlich für die Kirche, dass er unverändert bleibt.

28. Schließlich ist die Kirche in dem Sinn apostolisch, dass »sie bis zur Wiederkunft Christi weiterhin von den Aposteln belehrt, geheiligt und geleitet wird – und zwar durch jene, die ihnen in ihrem Hirtenamt nachfolgen: das Bischofskollegium, dem die Priester zur Seite stehen, in Einheit mit dem Nachfolger des Petrus, dem obersten Hirten der Kirche«.[53] Die apostolische Nachfolge in der pastoralen Sendung schließt notwendig das Sakrament der Weihe ein, also die ununterbrochene, auf die Anfänge zurückgehende Reihe gültiger Bischofsweihen.[54] Diese Sukzession ist wesentlich, damit von Kirche im eigentlichen und vollen Sinn gesprochen werden kann.

Die Eucharistie bringt auch diesen Sinn der Apostolizität zum Ausdruck. Wie das Zweite Vatikanische Konzil lehrt, kommt es den Gläubigen zu, »kraft ihres königlichen Priestertums an der eucharistischen Darbringung mitzuwirken«.[55]

Es ist aber der geweihte Priester, der »in der Person Christi das eucharistische Opfer vollzieht und es im Namen des ganzen Volkes Gott darbringt«.[56] Deshalb ist im *Missale Romanum* vorgeschrieben, dass es nur dem Priester zusteht, das eucharistische Hochgebet zu sprechen, während das Volk sich im Glauben schweigend damit vereint.[57]

29. Der vom Zweiten Vatikanischen Konzil wiederholt gebrauchte Ausdruck, gemäß dem »der Amtspriester das eucharistische Opfer in der Person Christi vollzieht«,[58] war im päpstlichen Lehramt bereits gut verankert.[59] Wie ich bei anderer Gelegenheit klargestellt habe, bedeutet *in persona Christi* »mehr als nur "im Namen" oder "in Stellvertretung" Jesu Christi. *In der Person*, d.h. in der spezifischen, sakramentalen Identifizierung mit dem ewigen Hohenpriester, der Urheber und hauptsächliches Subjekt dieses seines eigenen Opfers ist, bei dem er in Wahrheit von niemandem ersetzt werden kann«.[60] Der Dienst der Priester, die das Sakrament der Weihe empfangen haben, macht in der von Christus bestimmten Heilsordnung deutlich, dass die von ihnen gefeierte Eucharistie *eine Gabe ist, die auf radikale Weise die Vollmacht der Gemeinde überragt.* Das priesterliche Dienstamt ist unersetzlich, um die eucharistische Konsekration gültig an das Kreuzesopfer und an das Letzte Abendmahl zu binden.

Die Gemeinde, die zur Feier der Eucharistie zusammenkommt, bedarf unbedingt eines geweihten Priesters, der sie leitet, um wirklich eucharistische Versammlung sein zu können. Die Gemeinde kann sich aber nicht selbst einen geweihten Amtsträger geben.

Dieser ist eine Gabe, die die Gemeinde *durch die auf die Apostel zurückgehende Sukzession der Bischöfe empfängt*. Es ist nämlich der Bischof, der durch das Sakrament der Weihe einen neuen Priester bestellt und ihm die Vollmacht überträgt, die Eucharistie zu feiern. Daher kann »das eucharistische Geheimnis in keiner Gemeinde gefeiert werden, es sei denn durch die Hände eines geweihten Priesters, wie das Vierte Laterankonzil ausdrücklich gelehrt hat«.[61]

30. Diese Lehre der katholischen Kirche über das priesterliche Dienstamt in seiner Beziehung zur Eucharistie wie auch die Lehre über das eucharistische Opfer waren in den letzten Jahrzehnten Gegenstand eines fruchtbaren Dialogs *im Bereich der ökumenischen Bemühungen*. Wir müssen der heiligsten Dreifaltigkeit danken, weil es zu bedeutsamen Fortschritten und Annäherungen gekommen ist, die uns auf eine Zukunft hoffen lassen, in der wir den Glauben voll und ganz teilen. Die Anmerkung des Konzils bezüglich der kirchlichen Gemeinschaften, die im Abendland im 16. Jahrhundert und danach entstanden und von der katholischen Kirche getrennt sind, bleibt noch immer voll zutreffend: »Obgleich bei den von uns getrennten kirchlichen Gemeinschaften die aus der Taufe hervorgehende volle Einheit mit uns fehlt und obgleich sie nach unserem Glauben vor allem wegen des Fehlens des Weihesakramentes die ursprüngliche und vollständige Wirklichkeit des eucharistischen Mysteriums nicht bewahrt haben, bekennen sie doch bei der Gedächtnisfeier des Todes und der Auferstehung des Herrn im Heiligen Abendmahl, dass hier die lebendige Gemeinschaft mit Christus bezeichnet werde, und sie erwarten seine glorreiche Wiederkunft«.[62]

Deshalb müssen die katholischen Gläubigen bei allem Respekt vor den religiösen Überzeugungen ihrer getrennten Brüder und Schwestern der Kommunion fernbleiben, die bei ihren Feiern ausgeteilt wird, damit sie nicht einer zweideutigen Auffassung über das Wesen der Eucharistie Vorschub leisten und so die Pflicht versäumen, für die Wahrheit klar Zeugnis abzulegen. Dies würde zu einer Verzögerung auf dem Weg zur vollen sichtbaren Einheit führen. Es ist auch nicht gestattet, die sonntägliche heilige Messe durch ökumenische Wortgottesdienste, durch gemeinsame Gebetstreffen mit Christen, die den genannten kirchlichen Gemeinschaften angehören, oder durch die Teilnahme an ihren liturgischen Feiern zu ersetzen. Bei geeigneten Anlässen sind derartige Feiern und Treffen in sich lobenswert, sie bereiten auf die ersehnte volle, auch eucharistische Gemeinschaft vor, können sie aber nicht ersetzen.

Die Tatsache, dass die Vollmacht zur Darbringung der Eucharistie ausschließlich den Bischöfen und Priestern anvertraut ist, stellt keine Herabsetzung des übrigen Gottesvolkes dar. Denn in der Gemeinschaft des einzigen Leibes Christi, der Kirche, nützt diese Gabe allen in überreichem Maß.

31. Wenn die Eucharistie Mitte und Höhepunkt des Lebens der Kirche ist, so ist sie es in gleicher Weise für das priesterliche Dienstamt. Mit einem dankbaren Herzen gegenüber unserem Herrn Jesus Christus unterstreiche ich deshalb von neuem, daß die Eucharistie »der wesentliche und zentrale Seinsgrund für das Sakrament des Priestertums ist, das ja im Augenblick der Einsetzung der Eucharistie und zusammen mit ihr gestiftet worden ist«.[63]

Die pastoralen Tätigkeiten des Priesters sind vielfältig. Wenn man an die gesellschaftlichen und kulturellen Verhältnisse der gegenwärtigen Welt denkt, kann man leicht verstehen, wie groß und bedrohlich für die Priester *die Gefahr* ist, *sich in einer Vielzahl verschiedener Aufgaben zu verlieren.* Das Zweite Vatikanische Konzil hat in der Hirtenliebe das Band gesehen, das ihr Leben und ihre Tätigkeiten zur Einheit führt. Diese Hirtenliebe – so fügt das Konzil hinzu – »erwächst am stärksten aus dem eucharistischen Opfer. Es bildet daher Mitte und Wurzel des ganzen priesterlichen Lebens«.[64] Man versteht so, wie wichtig es für sein geistliches Leben und darüber hinaus für das Wohl der Kirche und der Welt ist, dass der Priester die Empfehlung des Konzils, täglich die Eucharistie zu feiern, in die Tat umsetzt. Denn »sie ist auch dann, wenn keine Gläubigen dabei sein können, ein Akt Christi und der Kirche«.[65] Auf diese Weise kann der Priester jede zerstreuende Spannung in seinem Tagesablauf überwinden, weil er im eucharistischen Opfer, der wahren Mitte seines Lebens und Dienens, die notwendige geistliche Energie findet, um sich den verschiedenen seelsorglichen Aufgaben zu stellen. So werden seine Tage wahrhaft eucharistisch.

Von der zentralen Stellung der Eucharistie im Leben und Wirken der Priester leitet sich auch die zentrale Stellung der Eucharistie in der *Pastoral zur Förderung von Priesterberufungen* ab. Dies gilt vor allem deshalb, weil das Gebet um Berufungen in der Eucharistie ganz mit dem Gebet Christi, des ewigen Hohenpriesters, vereint wird.

Die eifrige Sorge der Priester um das Mysterium der Eucharistie sowie die damit verbundene Förderung der bewussten, tätigen und fruchtbaren Teilnahme der Gläubigen an der Eucharistie ist zudem ein eindrucksvolles Beispiel und ein Ansporn für junge Menschen, großmütig auf den Ruf Gottes zu antworten. Oft bedient sich Gott der vorbildlichen und eifrigen Hirtenliebe eines Priesters, um im Herzen eines jungen Menschen den Keim der Berufung zum Priestertum auszusäen und zur Entfaltung zu bringen.

32. All das zeigt, wie schmerzlich es ist und wie weit man sich von der normalen Situation entfernt, wenn eine christliche Gemeinde sich zwar aufgrund der Anzahl und Vielfalt der Gläubigen als Pfarrei darstellt, aber keinen Priester hat, der sie leitet. Die Pfarrei ist nämlich eine Gemeinschaft von Getauften, die ihre Identität vor allem durch die Feier des eucharistischen Opfers ausdrücken und geltend machen. Dazu aber ist ein Priester notwendig, denn nur ihm steht es zu, *in persona Christi* die Eucharistie darzubringen. Wenn einer Gemeinde der Priester fehlt, sucht man mit Recht nach einer gewissen Abhilfe, damit die sonntäglichen Gottesdienste weiterhin stattfinden. Die Ordensleute und Laien, die ihre Brüder und Schwestern im Gebet leiten, üben in lobenswerter Weise das gemeinsame Priestertum aller Gläubigen aus, das in der Taufgnade gründet. Derartige Lösungen müssen aber als bloß vorläufig betrachtet werden, solange die Gemeinde auf einen Priester wartet.

Die Tatsache, daß solche Feiern in sakramentaler Hinsicht unvollständig sind, muss die ganze Gemeinde dazu drängen, mit größerem Eifer zu beten, dass der Herr Arbeiter für seine Ernte aussende (vgl. *Mt* 9, 38), und muss auch dazu anspornen, alle anderen Grundaspekte einer angemessenen Berufungspastoral in die Tat umzusetzen. Dabei darf man nicht der Versuchung erliegen, Lösungen anzustreben, welche die Eigenschaften schwächen, die von den Priesteramtskandidaten in Bezug auf das sittliche Leben und die Ausbildung verlangt werden.

33. Wenn nichtgeweihte Gläubige wegen des Priestermangels mit der Mitarbeit an der Seelsorge einer Pfarrei betraut worden sind, sollen sie sich bewusst bleiben, dass - wie das Zweite Vatikanische Konzil lehrt - »die christliche Gemeinde nur aufgebaut wird, wenn sie Wurzel und Angelpunkt in der Feier der Eucharistie hat«.[66] Sie müssen deshalb dafür sorgen, daß in der Gemeinde ein wahrer »Hunger« nach der Eucharistie lebendig bleibt. Dieser »Hunger« soll dazu führen, keine Gelegenheit zur Messfeier zu versäumen und auch die gelegentliche Anwesenheit eines Priesters zu nützen, der vom Kirchenrecht nicht an der Messfeier gehindert ist.

IV. KAPITEL

DIE EUCHARISTIE
UND DIE KIRCHLICHE GEMEINSCHAFT

34. Die außerordentliche Versammlung der Bischofssynode 1985 erkannte in der »Communio-Ekklesiologie«
die zentrale und grundlegende Idee der Dokumente des
Zweiten Vatikanischen Konzils.[67] Die auf Erden pilgern-
de Kirche ist aufgerufen, die Gemeinschaft mit dem
dreifaltigen Gott wie auch die Gemeinschaft unter den
Gläubigen zu bewahren und zu fördern. Dafür besitzt sie
das Wort und die Sakramente, vor allem die Eucharistie,
aus der die Kirche »immerfort lebt und wächst«[68] und in
der sie zugleich ihr Wesen zum Ausdruck bringt. Nicht
zufällig ist der Begriff *Kommunion* eine der besonderen
Bezeichnungen für dieses erhabene Sakrament geworden.

Die Eucharistie erscheint als Höhepunkt aller Sakramente, weil sie die Gemeinschaft mit Gott Vater im Eins-
werden mit dem eingeborenen Sohn durch den Heiligen
Geist zur Vollendung führt. Ein bedeutender Schrift-
steller der byzantinischen Tradition brachte diese
Wahrheit mit gläubigem Scharfsinn zum Ausdruck: In
der Eucharistie »ist vor jedem anderen Sakrament das
Geheimnis [der Gemeinschaft] so vollkommen, dass es
zum Gipfel aller Güter führt: Hier liegt das höchste Ziel
jeder menschlichen Sehnsucht, weil wir hier Gott folgen,
und Gott sich mit uns in der vollkommensten Einheit
verbindet«.[69] Eben darum ist es angemessen, *in der Seele
das dauernde Verlangen nach dem eucharistischen
Sakrament zu pflegen.*

Hier liegt die Übung der »geistlichen Kommunion« begründet, die sich seit Jahrhunderten in der Kirche verbreitet hat und von heiligen Lehrmeistern des geistlichen Lebens empfohlen wurde. Die heilige Theresia von Jesus schrieb: »Wenn ihr nicht kommuniziert und an der Messe teilnehmt, könnt ihr geistlich kommunizieren. Diese Übung bringt reiche Früchte... So prägt sich in euch stark die Liebe unseres Herrn ein«.[70]

35. Die Feier der Eucharistie kann aber nicht der Ausgangspunkt der Gemeinschaft sein, sie setzt die Gemeinschaft vielmehr voraus und möchte sie stärken und zur Vollendung führen. Das Sakrament drückt dieses Band der Gemeinschaft aus, und zwar sowohl auf der *unsichtbaren* Ebene, die uns in Christus durch das Wirken des Heiligen Geistes mit dem Vater und untereinander verbindet, als auch auf der *sichtbaren* Ebene, welche die Gemeinschaft in der Lehre der Apostel, in den Sakramenten und in der hierarchischen Ordnung einschließt. Die enge Beziehung, die zwischen den unsichtbaren und den sichtbaren Elementen der kirchlichen Gemeinschaft besteht, ist ein konstitutives Merkmal der Kirche als Sakrament des Heiles.[71] Nur in diesem Zusammenhang ist die Feier der Eucharistie rechtmäßig und die Teilnahme an ihr wahrhaftig. Deshalb ist es eine Anforderung, die sich aus dem Wesen der Eucharistie ergibt, dass sie in der Gemeinschaft gefeiert wird, und zwar dort, wo die Unversehrtheit ihrer Bande gewahrt ist.

36. Die unsichtbare Gemeinschaft, die ihrer Natur nach stets im Wachstum begriffen ist, setzt das Leben der Gnade, durch das man »Anteil an der göttlichen Natur« (*2 Petr* 1, 4) erhält, sowie die Übung der Tugenden des Glaubens, der Hoffnung und der Liebe voraus.

Nur so hat man wahrhaft Gemeinschaft mit dem Vater, dem Sohn und dem Heiligen Geist. Der Glaube genügt nicht; es ist vielmehr nötig, in der heiligmachenden Gnade und in der Liebe zu verharren und mit dem »Leib« und dem »Herzen«[72] im Schoß der Kirche zu bleiben. Um mit den Worten des heiligen Paulus zu sprechen: Es ist erforderlich, »den Glauben zu haben, der in der Liebe wirksam ist« (*Gal* 5, 6).

Die Unversehrtheit der unsichtbaren Bande aufrecht zu erhalten, ist eine moralische Pflicht des Christen, der voll an der Eucharistie teilnehmen und den Leib und das Blut Christi empfangen will. »Jeder soll sich selbst prüfen; erst dann soll er von dem Brot essen und aus dem Kelch trinken« (*1 Kor* 11, 28). Mit kraftvoller Beredsamkeit mahnte der heilige Johannes Chrysostomus die Gläubigen: »Auch ich erhebe die Stimme, flehe, bitte und beschwöre euch, nicht zu diesem heiligen Tisch mit einem befleckten und verdorbenen Gewissen hinzutreten. Ein solches Hinzutreten kann man nie Kommunion nennen, auch wenn wir tausendmal den Leib des Herrn berühren, sondern Verdammnis, Pein und Vermehrung der Strafen«.[73]

In diesem Sinn hält der *Katechismus der Katholischen Kirche* mit Recht fest: »Wer sich einer schweren Sünde bewusst ist, muss das Sakrament der Buße empfangen, bevor er die Kommunion empfängt«.[74] Ich möchte deshalb bekräftigen, dass in der Kirche die Norm gilt und immer gelten wird, mit der das Konzil von Trient die ernste Mahnung des Apostels Paulus (vgl. *1 Kor* 11, 28) konkretisiert hat, indem es bestimmte, dass dem würdigen Empfang der Eucharistie »die Beichte vorausgehen muss, wenn einer sich einer Todsünde bewusst ist«.[75]

37. Die Eucharistie und die Buße sind zwei eng miteinander verbundene Sakramente. Die Eucharistie vergegenwärtigt das Erlösungsopfer des Kreuzes und setzt es auf sakramentale Weise fort. Daraus entspringt eine beständige Forderung zur Umkehr und zu einer persönlichen Antwort auf die Mahnung, die der heilige Paulus an die Christen von Korinth gerichtet hat: »Wir bitten an Christi statt: Lasst euch mit Gott versöhnen!« (*2 Kor* 5, 20). Für den Christen, auf dessen Gewissen eine schwere Sünde lastet, ist der Weg der Buße durch das Sakrament der Versöhnung verpflichtend, um voll am eucharistischen Opfer teilnehmen zu können.

Es ist offensichtlich, dass das Urteil über den Gnadenstand nur dem Betroffenen zukommt, denn es handelt sich um ein Urteil des Gewissens. Aber in den Fällen, in denen ein äußeres Verhalten in schwerwiegender, offenkundiger und beständiger Weise der moralischen Norm widerspricht, kommt die Kirche nicht umhin, sich in ihrer pastoralen Sorge um die rechte Ordnung der Gemeinschaft und aus Achtung vor dem Sakrament in Pflicht nehmen zu lassen. Auf diesen Zustand offenkundiger moralischer Indisposition verweist die Norm des kirchlichen Gesetzbuches, gemäß der jene nicht zur eucharistischen Kommunion zugelassen werden können, »die hartnäckig in einer offenkundigen schweren Sünde verharren«[76].Wie ich bereits in Erinnerung gerufen habe, ist die kirchliche Gemeinschaft auch *sichtbar* und findet Ausdruck in den Banden, die vom Konzil erwähnt wurden, als es lehrte: »Jene werden der Gemeinschaft der Kirche voll eingegliedert, die, im Besitze des Geistes Christi, ihre ganze Ordnung und alle in ihr eingerichteten Heilsmittel annehmen und in ihrem sichtbaren Verband mit Christus, der sie durch den Papst und die Bischöfe leitet, verbunden sind, und dies durch die Bande des Glaubensbekenntnisses, der Sakramente und der kirchlichen Leitung und Gemeinschaft«.[77]

Die Eucharistie ist die höchste sakramentale Darstellung der Gemeinschaft in der Kirche. Deshalb ist es notwendig, daß sie im Kontext der *Unversehrtheit auch der äußeren Bande der Gemeinschaft* gefeiert wird. Weil sie in besonderer Weise »die Vollendung des geistlichen Lebens und das Ziel aller Sakramente«[78] ist, müssen die Bande der Gemeinschaft in den Sakramenten wirklich bestehen, besonders in der Taufe und in der Priesterweihe. Es ist nicht möglich, einer Person die Kommunion zu reichen, die nicht getauft ist oder die unverkürzte Glaubenswahrheit über das eucharistische Mysterium zurückweist. Christus ist die Wahrheit und legt Zeugnis ab für die Wahrheit (vgl. *Joh* 14,6; 18,37); das Sakrament seines Leibes und seines Blutes erlaubt keine Heuchelei.

39. Wegen des eigenen Charakters der kirchlichen Gemeinschaft und des Verhältnisses, welches das Sakrament der Eucharistie zu ihr hat, muss daran erinnert werden, dass »das eucharistische Opfer, wenngleich es immer in einer einzelnen Gemeinschaft gefeiert wird, niemals Feier nur dieser Gemeinde ist: Diese empfängt ja mit der eucharistischen Gegenwart des Herrn zugleich die ganze Heilsgabe und erweist sich so in ihrer bleibenden sichtbaren Einzelgestalt als Abbild und wahre Präsenz der einen, heiligen, katholischen und apostolischen Kirche«.[79] Daraus folgt, dass eine wahrhaft eucharistische Gemeinde sich nicht selbstgenügsam in sich verschließen kann, sondern offen sein muss gegenüber jeder anderen katholischen Gemeinde.

Die kirchliche Gemeinschaft der eucharistischen Versammlung ist Gemeinschaft mit dem eigenen *Bischof* und mit dem *Papst*. Der Bischof ist in der Tat das sichtbare Prinzip und das Fundament der Einheit in seiner Teilkirche.[80] Es wäre daher ein großer Widerspruch, wenn das Sakrament der Einheit der Kirche schlechthin nicht in Gemeinschaft mit dem Bischof gefeiert würde. Der heilige Ignatius von Antiochien schrieb: »Jene Eucharistie wird als sicher erachtet, die unter dem Bischof oder dem, den er damit beauftragt hat, gefeiert wird«.[81] Weil »der Bischof von Rom als Nachfolger Petri das immerwährende, sichtbare Prinzip und Fundament für die Einheit der Vielheit von Bischöfen und Gläubigen«[82] ist, bildet die Gemeinschaft mit ihm in gleicher Weise eine innere Notwendigkeit für die Feier des eucharistischen Opfers. Diese große Wahrheit findet in der Liturgie auf vielfältige Weise Ausdruck: »Jede Eucharistiefeier [wird] in Einheit nicht nur mit dem eigenen Bischof, sondern auch mit dem Papst, mit der Gemeinschaft der Bischöfe, mit dem gesamten Klerus und mit dem ganzen Volk vollzogen. [...] In jeder gültigen Eucharistiefeier kommt diese universale Gemeinschaft mit Petrus und mit der ganzen Kirche zum Ausdruck, oder sie wird objektiv verlangt, wie bei den von Rom getrennten christlichen Kirchen«.[83]

40. Die Eucharistie *schafft Gemeinschaft* und *erzieht zur Gemeinschaft*. Der heilige Paulus wandte sich an die Gläubigen von Korinth, um ihnen vor Augen zu halten, wie sehr die Spaltungen, die bei den eucharistischen Feiern offenkundig wurden, dem widersprachen, was sie feierten, nämlich das Herrenmahl.

Der Apostel hat die Gläubigen deshalb eingeladen, über das wahre Wesen der Eucharistie nachzudenken, um sie zum Geist brüderlicher Gemeinschaft zurückzuführen (vgl. *1 Kor* 11, 17-34). Der heilige Augustinus griff diese Forderung mit Nachdruck auf, als er an das Wort des Apostels »Ihr seid der Leib Christi, und jeder einzelne ist ein Glied an ihm« (*1 Kor* 12, 27) erinnerte und schrieb: »Wenn ihr der Leib Christi und seine Glieder seid, so ist auf dem Tisch des Herrn das niedergelegt, was euer Geheimnis ist; ja, ihr empfangt das, was euer Geheimnis ist«.[84] Aus dieser Feststellung zog er den Schluss: »Christus, der Herr, [...] heiligte an seinem Tisch das Geheimnis unseres Friedens und unserer Einheit. Wer das Geheimnis der Einheit empfängt, aber nicht das Band des Friedens bewahrt, empfängt das Geheimnis nicht zu seinem Nutzen, sondern einen Beweis gegen sich selbst«.[85]

41. In der besonderen Wirksamkeit zur Förderung der Gemeinschaft, die der Eucharistie eigen ist, liegt einer der Gründe für die Bedeutung der Sonntagsmesse. Über sie und über die weiteren Gründe, deretwegen die Messe für das Leben der Kirche und der einzelnen Gläubigen von grundlegender Bedeutung ist, habe ich mich im Apostolischen Schreiben über die Heiligung des Sonntags *Dies Domini*[86] geäußert. Ich rief unter anderem in Erinnerung, dass die Gläubigen die Pflicht haben, an der Messe teilzunehmen, es sei denn, sie sind durch einen schwerwiegenden Umstand daran gehindert. Den Hirten ist ihrerseits die Pflicht auferlegt, allen Gläubigen die Möglichkeit zu bieten, dieses Gebot zu erfüllen.[87] In dem Apostolischen Schreiben *Novo millennio ineunte* habe ich vor kurzem den pastoralen Weg der Kirche am Beginn

des dritten Jahrtausends abgesteckt und dabei auch die besondere Bedeutung der sonntäglichen Eucharistie betont und deren gemeinschaftsbildende Wirksamkeit hervorgehoben: »Sie ist« – so schrieb ich – »der vorzügliche Ort, wo die Gemeinschaft ständig verkündet und gepflegt wird. Gerade durch die Teilnahme an der Eucharistie wird der *Tag des Herrn* auch der *Tag der Kirche*, die auf diese Weise ihre Rolle als Sakrament der Einheit wirksam spielen kann«.[88]

42. Jeder Gläubige hat die Aufgabe, die kirchliche Gemeinschaft zu bewahren und zu fördern, besonders im sorgsamen Umgang mit der Eucharistie, dem Sakrament der Einheit der Kirche. Noch konkreter fällt diese Aufgabe den Hirten der Kirche zu, die gemäß ihrer eigenen Stellung und ihrem kirchlichen Amt eine besondere Verantwortung haben. Die Kirche hat deshalb Normen erlassen, die den häufigen und fruchtbaren Zutritt der Gläubigen zum Tisch des Herrn fördern und die objektiven Bedingungen festlegen, unter denen von der Spendung der Kommunion abgesehen werden muss. Das sorgfältige Bemühen um die treue Beachtung dieser Bestimmungen ist beredter Ausdruck der Liebe zur Eucharistie und zur Kirche.

43. In der Betrachtung der Eucharistie als Sakrament der kirchlichen Gemeinschaft gibt es einen Aspekt, der wegen seiner Bedeutung nicht vernachlässigt werden darf: Ich meine die Eucharistie in ihrer *Beziehung zum ökumenischen Einsatz*. Wir alle müssen der heiligsten Dreifaltigkeit dafür danken, dass in den letzten Jahrzehnten viele Gläubige in allen Teilen der Welt von dem aufrichtigem Verlangen nach der Einheit aller Christen berührt worden sind.

Das Zweite Vatikanische Konzil erkennt darin am Anfang des Dekrets über den Ökumenismus eine besondere Gabe Gottes.[89] Es war eine wirksame Gnade, die uns Söhne und Töchter der katholischen Kirche wie auch unsere Brüder und Schwestern in den anderen Kirchen und kirchlichen Gemeinschaften auf den Weg der Ökumene geführt hat.

Das Streben nach dem Ziel der Einheit drängt uns, den Blick auf die Eucharistie zu richten, die das höchste Sakrament der Einheit des Volkes Gottes, sein angemessener Ausdruck und seine unüberbietbare Quelle ist.[90] In der Feier des eucharistischen Opfers fleht die Kirche inständig zu Gott, dem Vater des Erbarmens, dass er seinen Kindern die Fülle des Heiligen Geistes schenke, um in Christus ein Leib und ein Geist zu werden.[91] Wenn die Kirche dieses Gebet dem Vater des Lichtes darringt, von dem jede gute Gabe und jedes vollkommene Geschenk kommt (vgl. *Jak* 1, 17), glaubt sie, dass es wirksam ist. Denn sie betet in Einheit mit Christus, dem Haupt und Bräutigam, der sich das Flehen der Braut zu eigen macht und es mit seinem Erlösungsopfer verbindet.

44. Weil die Einheit der Kirche, welche die Eucharistie durch das Opfer und den Empfang des Leibes und Blutes des Herrn verwirklicht, unter dem unabdingbaren Anspruch der vollen Gemeinschaft durch die Bande des Glaubensbekenntnisses, der Sakramente und des kirchlichen Leitungsamtes steht, ist es nicht möglich, die eucharistische Liturgie gemeinsam zu feiern, bevor diese Bande in ihrer Unversehrtheit nicht wiederhergestellt sind. Eine derartige Konzelebration wäre kein gültiges Mittel, sondern könnte sich sogar als *ein Hindernis für das Erreichen der vollen Gemeinschaft* erweisen.

Sie würde den Sinn dafür abschwächen, wie weit das Ziel entfernt ist, und eine zweideutige Auffassung über die eine oder andere Glaubenswahrheit mit sich bringen und fördern. Der Weg zur vollen Einheit kann nur in der Wahrheit beschritten werden. Das Verbot durch das kirchliche Gesetz lässt in dieser Frage keinen Raum für Unklarheiten[92] und folgt in Treue der vom Zweiten Vatikanischen Konzil verkündeten moralischen Norm.[93]

Ich möchte aber bekräftigen, was ich in der Enzyklika *Ut unum sint* ausführte, nachdem ich die Unmöglichkeit der gegenseitigen Eucharistiegemeinschaft festgestellt habe: »Doch haben wir den sehnlichen Wunsch, gemeinsam die Eucharistie des Herrn zu feiern, und dieser Wunsch wird schon zu einem gemeinsamen Lob, zu ein und demselben Bittgebet. Gemeinsam wenden wir uns an den Vater und tun das zunehmend "mit nur einem Herzen".[94]

45. Wenn die volle Gemeinschaft fehlt, ist die Konzelebration in keinem Fall statthaft. Dies gilt nicht für die Spendung der Eucharistie *unter besonderen Umständen und an einzelne Personen*, die zu Kirchen oder kirchlichen Gemeinschaften gehören, die nicht in der vollen Gemeinschaft mit der katholischen Kirche stehen. In diesem Fall geht es nämlich darum, einem schwerwiegenden geistlichen Bedürfnis einzelner Gläubiger im Hinblick auf das ewige Heil entgegenzukommen, nicht aber um die Praxis einer *Interkommunion*, die nicht möglich ist, solange die sichtbaren Bande der kirchlichen Gemeinschaft nicht vollständig geknüpft sind.

In diesem Sinn hat sich das Zweite Vatikanische Konzil geäußert, indem es die Praxis bestimmte, die gegenüber den orientalischen Christen einzuhalten ist, die in gutem

Glauben von der katholischen Kirche getrennt leben, spontan um den Empfang der Eucharistie aus der Hand eines katholischen Amtsträgers bitten und in rechter Weise darauf vorbereitet sind.[95] Diese Verhaltensweise ist von beiden Gesetzbüchern bestätigt worden, die mit den entsprechenden Anpassungen auch den Fall der anderen nicht orientalischen Christen berücksichtigen, die nicht in voller Gemeinschaft mit der katholischen Kirche stehen.[96]

46. In der Enzyklika *Ut unum sint* habe ich selbst meine Wertschätzung für diese Norm zum Ausdruck gebracht, die es gestattet, für das Heil der Seelen mit dem gebotenen Unterscheidungsvermögen Sorge zu tragen: »Ein Grund zur Freude ist in diesem Zusammenhang, daran zu erinnern, dass die katholischen Priester in bestimmten Einzelfällen die Sakramente der Eucharistie, der Buße und der Krankensalbung anderen Christen spenden können, die zwar noch nicht in voller Gemeinschaft mit der katholischen Kirche stehen, aber sehnlich den Empfang der Sakramente wünschen, von sich aus darum bitten und den Glauben bezeugen, den die katholische Kirche in diesen Sakramenten bekennt. Umgekehrt können sich in bestimmten Fällen und unter besonderen Umständen auch die Katholiken zum Empfang derselben Sakramente an die Geistlichen jener Kirchen wenden, in denen sie gültig gespendet werden«.[97]

Es ist notwendig, diese Bedingungen genau zu befolgen. Sie sind unumgänglich, auch wenn es sich um begrenzte Einzelfälle handelt. Die Ablehnung einer oder mehrerer Glaubenswahrheiten über diese Sakramente, etwa die Leugnung der Wahrheit bezüglich der Notwendigkeit des

Weihepriestertums zur gültigen Spendung dieser Sakramente, hat zur Folge, dass der Bittsteller nicht für ihren rechtmäßigen Empfang disponiert ist. Und umgekehrt kann ein katholischer Gläubiger nicht die Kommunion in einer Gemeinschaft empfangen, der das gültige Sakrament der Weihe fehlt.[98]

Die getreue Einhaltung aller in dieser Materie festgelegten Normen[99] ist Ausdruck und zugleich Garantie der Liebe zu Jesus Christus im heiligsten Sakrament, zu den Brüdern und Schwestern anderer christlicher Konfessionen, denen wir das Zeugnis der Wahrheit schulden, wie auch zum Auftrag, die Einheit zu fördern.

V. KAPITEL

DIE WÜRDE DER EUCHARISTIEFEIER

47. Wer in den synoptischen Evangelien den Bericht über die Einsetzung der Eucharistie liest, bleibt getroffen von der Schlichtheit und auch von der »Feierlichkeit«, mit der Jesus beim Letzten Abendmahl das große Sakrament stiftet. Eine Episode dient in gewissem Sinn als dessen Vorspiel, nämlich die *Salbung in Betanien*. Eine Frau – nach Johannes ist es Maria, die Schwester des Lazarus - gießt aus einem Gefäß *kostbares Öl* über Jesu Haupt und provoziert damit unter den Jüngern – besonders bei Judas (vgl. *Mt* 26, 8; *Mk* 14, 4; *Joh* 12, 4) – Unwillen, als ob eine solche Geste angesichts der Bedürfnisse der Armen eine unannehmbare »Verschwendung« wäre. Das Urteil Jesu ist jedoch ganz anders. Ohne die Pflicht zur Liebe gegenüber den Bedürftigen zu vernachlässigen, denen sich die Jünger immer widmen müssen – »Die Armen habt ihr immer bei euch« (*Mt* 26, 11; *Mk* 14, 7; vgl. *Joh* 12, 8) –, blickt er auf das unmittelbar bevorstehende Ereignis seines Todes und seines Begräbnisses. Er würdigt die Salbung als Vorwegnahme jener Ehre, die seinem Leib aufgrund seiner unlösbaren Verbundenheit mit dem Mysterium seiner Person immer, auch nach dem Tod, zukommt.

In den synoptischen Evangelien geht die Erzählung weiter mit dem Auftrag Jesu an die Jünger, den »*großen Saal*« sorgfältig vorzubereiten, um das Paschamahl essen zu können (vgl. *Mk* 14, 15; *Lk* 22, 12). Hierauf folgt der Bericht von der Einsetzung der Eucharistie. Die Erzählung lässt wenigstens teilweise den Rahmen der *jüdischen Riten* des Paschamahls bis zum Lobgesang des

Hallel (vgl. *Mt* 26, 30; *Mk* 14, 26) erahnen und enthält in knapper und doch feierlicher Form – in den Varianten der verschiedenen Überlieferungen – die Worte, die Christus über das Brot und den Wein sprach, die er als konkrete Zeichen für seinen geopferten Leib und für sein vergossenes Blut gebrauchte. Die Evangelisten erinnern an all diese Einzelheiten im Licht einer Praxis des »Brotbrechens«, die sich in der Urkirche bereits gefestigt hatte. Aber sicher trägt das Geschehen des Gründonnerstags, ausgehend von der gelebten Geschichte Jesu, sichtbar die Züge einer liturgischen »Sensibilität« an sich, die auf alttestamentlicher Tradition beruhte und für eine Neugestaltung in Übereinstimmung mit dem neuen Inhalt des Pascha in der christlichen Feier offen war.

48. Wie die Frau, die Jesus in Betanien salbte, hat die Kirche keine Angst, »verschwenderisch« zu sein, wenn sie die besten Mittel einsetzt, um ihr anbetendes Staunen über das *unermessliche Geschenk der Eucharistie* zum Ausdruck zu bringen. Nicht weniger als die ersten Jünger, die beauftragt waren, den »großen Raum« herzurichten, fühlt sich die Kirche durch die Jahrhunderte und in der Aufeinanderfolge der Kulturen dazu gedrängt, die Eucharistie in einem Rahmen zu feiern, der eines so großen Mysteriums würdig ist. Im Einklang mit den Worten und Handlungen Jesu ist *die christliche Liturgie* entstanden, die das rituelle Erbe des Judentums weiterentwickelt hat. Und in der Tat: Was könnte genügen, um in angemessener Weise den Empfang der Gabe auszudrücken, die der göttliche Bräutigam unaufhörlich der Kirche, seiner Braut, schenkt, indem er das Opfer, das er ein für allemal am Kreuz dargebracht hat, jeder einzelnen Generation von Gläubigen nahebringt und sich zur Speise für alle Gläubigen macht?

Wenn auch der Kontext des »Gastmahls« eine familiäre Atmosphäre nahelegt, so ist die Kirche doch nie der Versuchung erlegen, diese »Vertrautheit« mit ihrem Bräutigam zu banalisieren; niemals hat sie vergessen, dass er auch ihr Herr ist und das »Gastmahl« für immer ein Opfermahl bleibt, das von dem auf Golgota vergossenen Blut gezeichnet ist. *Das eucharistische Mahl ist wirklich ein »heiliges« Mahl*, in dem in schlichten Zeichen der Abgrund der Heiligkeit Gottes verborgen liegt: *»O Sacrum convivium, in quo Christus sumitur!«*. Das Brot, das auf unseren Altären gebrochen und uns für unser Pilgersein auf den Straßen dieser Welt dargeboten wird, ist *»panis angelorum«*, Brot der Engel, dem wir uns nur mit der Demut des Hauptmanns im Evangelium nähern können: »Herr, ich bin nicht würdig, dass du eingehst unter mein Dach« (*Mt* 8, 8; *Lk* 7, 6).

49. In Übereinstimmung mit diesem erhabenen Sinn des Mysteriums versteht man, wie der Glaube der Kirche an das eucharistische Mysterium in der Geschichte nicht nur durch das Verlangen nach einer inneren Haltung der Ehrfurcht zum Ausdruck gekommen ist, sondern auch *durch eine Reihe äußerer Ausdrucksformen*, welche die Größe des gefeierten Ereignisses herausstellen und unterstreichen wollen. So kam es zu einer Entwicklung, die Schritt für Schritt dazu führte, *ein spezielles Regelwerk für die eucharistische Liturgie* zu erstellen, unter Achtung der verschiedenen kirchlichen Traditionen, die rechtmäßig entstanden waren. Auf dieser Basis entfaltete sich auch *ein reiches künstlerisches Erbe*. Dem christlichen Mysterium zugewandt, haben die Architektur, die Bildhauerei, die Malerei und die Musik in der Eucharistie direkt oder indirekt ein Motiv großer Inspiration gefunden.

In der Architektur zum Beispiel gab es, sobald es der geschichtliche Kontext zuließ, den Übergang von den anfänglichen Eucharistiestätten, die sich in den Häusern (»*domus*«) christlicher Familien befanden, zu den prunkvollen *Basiliken* der ersten Jahrhunderte, dann zu den imposanten *Kathedralen* des Mittelalters und schließlich zu den großen oder kleinen *Kirchen*, die nach und nach die vom Christentum erreichten Länder übersäten. Die Formen der Altäre und der Tabernakel haben sich in den Räumen der liturgischen Hallen fortentwickelt, wobei sie nicht nur den jeweiligen künstlerischen Eingebungen, sondern auch den Vorgaben folgten, die aus einem genauen Verständnis des Mysteriums stammten. Dasselbe kann man über die *sakrale Musik* sagen, wenn man nur an die herrlichen gregorianischen Melodien oder an die vielen und oft großen Komponisten denkt, die sich von den liturgischen Texten der heiligen Messe herausfordern ließen. Und zeigt sich im Bereich der Geräte und Paramente, die für die Eucharistiefeier verwendet werden, nicht eine gewaltige Anzahl *künstlerischer Werke*, angefangen bei den Arbeiten guter Handwerker bis hin zu echten Kunstwerken?

50. Man kann also sagen, dass die Eucharistie, die der Kirche und der Frömmigkeit Form und Gestalt gab, auch die »Kultur« stark geprägt hat, besonders auf dem Gebiet der Ästhetik. In diesem Bemühen um die Anbetung des Mysteriums in seiner rituellen und ästhetischen Umsetzung haben die Christen des Westens und des Ostens gewissermaßen »gewetteifert«. Wie sollte man dem Herrn nicht besonders für den Beitrag danken, den die großen Werke der Architektur und der Malerei der

griechisch-byzantinischen Tradition oder des gesamten slawischen Raumes und Kulturkreises der christlichen Kunst geschenkt haben? Im Osten hat die sakrale Kunst einen einzigartig starken Sinn für das Mysterium bewahrt und spornt die Künstler an, ihren Eifer im Schaffen des Schönen nicht nur als Ausdruck ihrer Gaben zu sehen, sondern auch als *echten Dienst am Glauben*. Sie haben es verstanden, weit über die bloßen technischen Fertigkeiten hinauszugehen und sich dem Wehen des Geistes Gottes folgsam zu öffnen.

Die Pracht der Bauwerke und der Mosaike im Osten und im christlichen Westen ist ein Erbe aller Gläubigen und trägt in sich den Wunsch, und ich möchte sagen das Unterpfand, zur ersehnten vollen Gemeinschaft im Glauben und in der Feier zu gelangen. Wie auf dem berühmten Gemälde der Dreifaltigkeit von Rublëv bedeutet und verlangt dies *eine zutiefst »eucharistische« Kirche*, in der die Teilhabe am Mysterium Christi im gebrochenen Brot gleichsam in die unbegreifliche Einheit der drei göttlichen Personen hineingenommen ist, so dass die Kirche selbst eine »Ikone« der Dreifaltigkeit wird.

Diese Sicht einer Kunst, die darauf ausgerichtet ist, in allen ihren Elementen die Bedeutung der Eucharistie nach der Lehre der Kirche auszudrücken, macht es notwendig, den Regeln für *den Bau und die Einrichtung sakraler Gebäude* volle Aufmerksamkeit zu schenken. Groß ist der kreative Freiraum, den die Kirche den Künstlern immer gelassen hat, wie die Geschichte zeigt und wie ich selbst in meinem *Brief an die Künstler* unterstrichen habe.[100] Die sakrale Kunst muss sich jedoch durch die Fähigkeit auszeichnen, das Mysterium angemessen zum Ausdruck zu bringen, und zwar in Übereinstimmung mit dem ganzen Glauben der Kirche und gemäß den pastoralen Weisungen, die von der zuständigen Autorität erlassen werden. Dasselbe gilt auch für die bildenden Künste und für die Kirchenmusik.

51. Was in den Ländern der frühen Christianisierung im Bereich der sakralen Kunst und der liturgischen Ordnung geschehen ist, findet nun seine Fortentwicklung auch *in den Kontinenten des jungen Christentums*. Das Zweite Vatikanische Konzil hat im Hinblick auf die Forderung nach einer gesunden und notwendigen »Inkulturation« Orientierung gegeben. Auf meinen zahlreichen Pastoralbesuchen konnte ich in allen Teilen der Welt beobachten, zu welch großer Lebendigkeit die Eucharistiefeier im Kontakt mit den Formen, den Stilrichtungen und den Empfindungen der unterschiedlichen Kulturen fähig ist. Durch die Anpassung an die sich verändernden Bedingungen von Zeit und Raum bietet die Eucharistie nicht nur den einzelnen, sondern den Völkern selbst Nahrung und formt Kulturen, die christlich geprägt sind.

Es ist jedoch notwendig, dass sich diese wichtige Aufgabe der Anpassung immer im Bewußtsein des unaussprechlichen Mysteriums vollzieht, an dem jede Generation Maß nehmen muss. Der »Schatz« ist zu groß und zu kostbar, um seine Verarmung zu riskieren oder ihm durch Experimente oder Praktiken zu schaden, die ohne eine sorgsame Prüfung durch die zuständigen kirchlichen Autoritäten eingeführt wurden. Die zentrale Stellung des eucharistischen Mysteriums verlangt überdies, dass diese Prüfung in enger Verbindung mit dem Heiligen Stuhl geschieht. Wie ich im Nachsynodalen Apostolischen Schreiben *Ecclesia in Asia* ausgeführt habe, »ist eine solche Zusammenarbeit von wesentlicher Bedeutung, weil die Liturgie durch ihre Feier den einzigen von allen bekannten Glauben zum Ausdruck bringt, und da sie Erbe der ganzen Kirche ist, kann sie nicht durch von der Gesamtkirche isolierte Ortskirchen bestimmt werden«.[101]

52. Aus dem Gesagten wird die große Verantwortung vor allem der Priester verständlich, denen es zukommt, der Eucharistiefeier *in persona Christi* vorzustehen. Sie sichern ein Zeugnis und einen Gemeinschaftsdienst nicht nur für die unmittelbar an der Feier teilnehmende Gemeinde, sondern auch für die Gesamtkirche, die mit der Eucharistie immer in Beziehung steht. Leider ist zu beklagen, dass es – vor allem seit den Jahren der nachkonziliaren Liturgiereform – infolge einer falsch verstandenen Auffassung von Kreativität und Anpassung *nicht an Missbräuchen gefehlt hat*, die Leiden für viele verursacht haben. Insbesondere in einigen Gebieten hat eine gewisse Gegenbewegung zum »Formalismus« manche dazu verleitet, die von der großen liturgischen Tradition der Kirche und von ihrem Lehramt gewählten »Formen« für nicht verbindlich zu erachten und nicht autorisierte und oft völlig unpassende Neuerungen einzuführen.

Ich verspüre deshalb die Pflicht, einen innigen Appell auszusprechen, dass die liturgischen Normen in der Eucharistiefeier mit großer Treue befolgt werden. Sie sind ein konkreter Ausdruck der authentischen Kirchlichkeit der Eucharistie; das ist ihr tiefster Sinn. Die Liturgie ist niemals Privatbesitz von irgend jemandem, weder vom Zelebranten noch von der Gemeinde, in der die Mysterien gefeiert werden. Der Apostel Paulus musste scharfe Worte an die Gemeinde von Korinth richten wegen der schwerwiegenden Mängel in ihren Eucharistiefeiern, die zu Spaltungen (*skísmata*) und Fraktionsbildungen (*hairéseis*) geführt hatten (vgl. *1 Kor* 11, 17-34). Auch in unserer Zeit muss der Gehorsam gegenüber den liturgischen Normen wiederentdeckt und als Spiegel und Zeugnis der einen und universalen Kirche, die in jeder Eucharistiefeier gegenwärtig wird, geschätzt werden. Der Priester, der die heilige Messe getreu nach den liturgischen Normen feiert, und die Gemeinde, die sich diesen Normen anpasst, bekunden schweigend und doch beredt ihre Liebe zur Kirche. Um diesen tiefen Sinn der liturgischen Normen zu bekräftigen, habe ich die zuständigen Dikasterien der Römischen Kurie beauftragt, ein eigenes Dokument – auch mit Hinweisen rechtlicher Natur - zu diesem Thema von so großer Bedeutung vorzubereiten. Niemand darf das Mysterium unterbewerten, das unseren Händen anvertraut wurde: Es ist zu groß, als dass sich irgend jemand erlauben könnte, nach persönlichem Gutdünken damit umzugehen, ohne seinen sakralen Charakter und seine universale Dimension zu achten.

VI. KAPITEL

IN DER SCHULE MARIENS
DIE EUCHARISTIE UND MARIA

53. Wenn wir die innige Beziehung, welche die Kirche mit der Eucharistie verbindet, in ihrem ganzen Reichtum wiederentdecken wollen, dürfen wir Maria nicht vergessen, die Mutter und das Urbild der Kirche. Im Apostolischen Schreiben *Rosarium Virginis Mariae* habe ich auf die selige Jungfrau als Lehrmeisterin in der Betrachtung des Antlitzes Christi hingewiesen und unter die lichtreichen Geheimnisse des Rosenkranzes auch die *Einsetzung der Eucharistie* eingefügt.[102] Maria kann uns tatsächlich zu diesem heiligsten Sakrament hinführen, da sie zu ihm eine tiefe Beziehung hat.

Auf den ersten Blick schweigt das Evangelium zu diesem Thema. Im Bericht über die Einsetzung am Abend des Gründonnerstags ist von Maria nicht die Rede. Dagegen weiß man, dass sie unter den Aposteln zugegen war, die »einmütig im Gebet« (*Apg* 1, 14) verharrten *in der ersten Gemeinde, die nach der Himmelfahrt in Erwartung von Pfingsten versammelt war.* Und gewiss konnte Maria nicht bei den Eucharistiefeiern unter den Gläubigen der ersten christlichen Generation fehlen, die am »Brechen des Brotes« (*Apg* 2, 42) festhielten.

Aber über ihre Teilnahme am eucharistischen Mahl hinaus kann die Beziehung Marias zur Eucharistie indirekt, ausgehend von ihrer inneren Haltung dargelegt werden. *In ihrem ganzen Leben ist Maria eine »eucharistische« Frau.* Die Kirche, die auf Maria wie auf ihr Urbild blickt, ist berufen, sie auch in ihrer Beziehung zu diesem heiligsten Mysterium nachzuahmen.

54. *Mysterium fidei!* Wenn die Eucharistie ein Geheimnis des Glaubens ist, das unseren Verstand so weit überragt, dass von uns eine ganz reine Hingabe an das Wort Gottes gefordert wird, kann uns niemand so wie Maria Stütze und Wegweiserin sein, um eine solche Haltung zu erwerben. Wenn wir das Tun Christi beim Letzten Abendmahl in Treue zu seinem Auftrag »Tut dies zu meinem Gedächtnis!« wiederholen, nehmen wir zugleich die Einladung Marias an, ihm ohne Zögern zu gehorchen: »Was er euch sagt, das tut« (*Joh* 2, 5). Es scheint, dass Maria mit der mütterlichen Sorge, die sie bei der Hochzeit in Kana an den Tag legte, uns sagen möchte: »Zögert nicht, vertraut auf das Wort meines Sohnes. Er, der fähig war, Wasser in Wein zu verwandeln, ist ebenso fähig, aus dem Brot und dem Wein seinen Leib und sein Blut zu machen und in diesem Mysterium den Gläubigen das lebendige Gedächtnis seines Pascha zu übergeben, um auf diese Weise zum "Brot des Lebens" zu werden«.

55. In gewissem Sinn hat Maria ihren *eucharistischen Glauben* bereits vor der Einsetzung der Eucharistie gelebt, weil sie nämlich *ihren jungfräulichen Schoß für die Menschwerdung des Wortes Gottes dargeboten hat*. Die Eucharistie, die auf das Leiden und die Auferstehung verweist, steht zugleich in Kontinuität zur Menschwerdung. Bei der Verkündigung empfing Maria den göttlichen Sohn, auch seinen wahren Leib und sein wahres Blut, und nahm in sich das vorweg, was sich in gewissem Maß auf sakramentale Weise in jedem Gläubigen ereignet, der unter den Zeichen von Brot und Wein den Leib und das Blut des Herrn empfängt.

Es besteht daher eine *tiefgehende Analogie* zwischen dem *Fiat*, mit dem Maria auf die Worte des Engels geantwortet hat, und dem *Amen*, das jeder Gläubige spricht, wenn er den Leib des Herrn empfängt. Von Maria wurde verlangt zu glauben, dass der, den sie durch das Wirken des Heiligen Geistes empfing, der »Sohn Gottes« war (vgl. *Lk* 1, 30-35). In Fortführung des Glaubens der Jungfrau wird von uns verlangt zu glauben, dass derselbe Jesus, der Sohn Gottes und der Sohn Mariens, im eucharistischen Mysterium unter den Zeichen von Brot und Wein mit seinem ganzen gottmenschlichen Sein gegenwärtig wird.

»Selig ist die, die geglaubt hat« (*Lk* 1, 45): Im Mysterium der Menschwerdung hat Maria auch den eucharistischen Glauben der Kirche vorweggenommen. Beim Besuch bei Elisabet trägt sie das fleischgewordene Wort in ihrem Schoß und wird in gewisser Weise zum »Tabernakel« – dem ersten »Tabernakel« der Geschichte –, in dem sich der Sohn Gottes, der für die Augen der Menschen noch unsichtbar ist, der Anbetung Elisabets darbietet und sein Licht gleichsam durch die Augen und die Stimme Mariens »aufleuchtet«. Und ist der entzückte Blick Marias, die das Antlitz des neugeborenen Christus betrachtet und ihn in ihre Arme nimmt, nicht vielleicht das unerreichbare Vorbild der Liebe, von der wir uns bei jedem Kommunionempfang inspirieren lassen müssen?

56. Nicht nur auf Golgota, sondern während ihres ganzen Lebens an der Seite Christi machte sich Maria den *Opfercharakter der Eucharistie* zu eigen. Als sie das Jesuskind nach Jerusalem in den Tempel brachte, »um es dem Herrn zu weihen« (*Lk* 2, 22), hörte sie die Ankündigung des greisen Simeon, dass dieses Kind »ein Zeichen des Widerspruchs« sein und »ein Schwert« auch ihre Seele

durchdringen werde (vgl. *Lk* 2, 34-35). So wurde das Drama des gekreuzigten Sohnes bereits angekündigt und in gewisser Weise das »*Stabat Mater*« der Jungfrau zu Füßen des Kreuzes vorweggenommen. Indem sich Maria Tag für Tag auf Golgota vorbereitete, lebte sie eine Art »vorweggenommener Eucharistie«, man könnte sagen, eine »geistliche Kommunion« der Sehnsucht und der Hingabe, die in der Vereinigung mit dem Sohn im Leiden ihre Vollendung fand und dann, in der Zeit nach Ostern, in ihrer Teilnahme an der Eucharistie, die von den Aposteln zum »Gedächtnis« des Leidens gefeiert wurde, zum Ausdruck kam.

Was muss Maria empfunden haben, als sie aus dem Mund von Petrus, Johannes, Jakobus und der anderen Aposteln die Worte des Letzten Abendmahls vernahm: »Das ist mein Leib, der für euch hingegeben wird« (*Lk* 22, 19)? Dieser Leib, der als Opfer dargebracht und unter sakramentalen Zeichen erneut gegenwärtig wurde, war ja derselbe Leib, den sie in ihrem Schoß empfangen hatte! Der Empfang der Eucharistie musste für Maria gleichsam bedeuten, jenes Herz wieder in ihrem Schoß aufzunehmen, das im Gleichklang mit ihrem Herzen geschlagen hatte, und das von neuem zu erleben, was sie selbst unter dem Kreuz erfahren hatte.

57. »Tut dies zu meinem Gedächtnis!« (*Lk* 22, 19). Beim »Gedächtnis« von Golgota ist all das gegenwärtig, was Christus in seinem Leiden und in seinem Tod vollbracht hat. Daher fehlt auch das nicht, *was Christus für uns an seiner Mutter* vollbracht hat. Ihr vertraut er den Lieblingsjünger an, und in ihm vertraut er ihr auch jeden von uns an: »Siehe, dein Sohn!«. Ebenso sagt er auch zu jedem von uns: »Siehe, deine Mutter!« (vgl. *Joh* 19, 26-27).

Das Gedächtnis des Todes Christi in der Eucharistie zu leben, schließt auch ein, fortwährend dieses Geschenk zu empfangen. Das bedeutet, dass wir diejenige, die uns jedesmal als Mutter gegeben wird, nach dem Beispiel des Johannes zu uns nehmen. Es bedeutet, dass wir zugleich die Mühe auf uns nehmen, Christus gleichförmig zu werden, indem wir uns in die Schule der Mutter begeben und uns von ihr begleiten lassen. Mit der Kirche und als Mutter der Kirche ist Maria in jeder unserer Eucharistiefeiern anwesend. Wenn die Kirche und die Eucharistie untrennbar miteinander verbunden sind, muss dasselbe auch von Maria und der Eucharistie gesagt werden. Auch deshalb wurde bei der Eucharistiefeier in den Kirchen des Westens und des Ostens seit dem Altertum immer das Gedenken Mariens gehalten.

58. In der Eucharistie vereint sich die Kirche ganz mit Christus und seinem Opfer und macht sich den Geist Mariens zu eigen. Diese Wahrheit kann man vertiefen, *wenn man das Magnificat* in eucharistischer Sicht liest. Wie der Gesang Mariens ist die Eucharistie vor allem Lob und Danksagung. Wenn Maria ausruft: »Meine Seele preist die Größe des Herrn, und mein Geist jubelt über Gott meinen Retter«, trägt sie Jesus in ihrem Schoß. Sie lobt den Vater »wegen« Jesus, aber sie lobt ihn auch »in« Jesus und »mit« Jesus. Genau dies ist die wahre »eucharistische Haltung«.

Zugleich gedenkt Maria der Wundertaten Gottes in der Heilsgeschichte gemäß der Verheißung, die an die Väter ergangen ist (vgl. *Lk* 1, 55), und verkündet jenes Wunder, das alle anderen überragt: die erlösende Menschwerdung. Das *Magnificat* enthält schließlich auch die eschatologische Spannung der Eucharistie.

Jedesmal, wenn sich der Sohn Gottes in der »Armut« der sakramentalen Zeichen von Brot und Wein uns zeigt, wird der Keim jener neuen Geschichte in die Welt gelegt, in der die Mächtigen vom Thron gestürzt und die Niedrigen erhöht werden (vgl. *Lk* 1, 52). Maria besingt diesen »neuen Himmel« und diese »neue Erde«, die in der Eucharistie ihre Vorwegnahme und in einem gewissen Sinn ihr programmatisches »Bild« finden. Das *Magnificat* bringt die Spiritualität Mariens zum Ausdruck; nichts kann uns mehr helfen, das eucharistische Mysterium zu leben, als diese Spiritualität. Die Eucharistie ist uns gegeben, damit unser Leben, so wie das Leben Marias, ganz und gar ein *Magnificat* sei!

SCHLUSS

59. »*Ave, verum corpus natum de Maria Virgine!*«. Vor wenigen Jahren habe ich den fünfzigsten Jahrestag meines Priesterweihe gefeiert. Ich empfinde es als eine Gnade, der Kirche heute diese Enzyklika über die Eucharistie zu schenken, am Gründonnerstag, der *in das fünfundzwanzigste Jahr meines Petrusdienstes* fällt. Ich tue dies mit einem Herzen voller Dankbarkeit. Seit mehr als einem halben Jahrhundert - seit dem 2. November 1946, an dem ich meine Primiz in der Krypta des heiligen Leonhard in der Kathedrale auf dem Wawel in Krakau gefeiert habe - sind meine Augen jeden Tag auf die Hostie und den Kelch gerichtet, in denen Zeit und Raum in gewisser Weise »konzentiert« sind und das Drama von Golgota lebendig gegenwärtig wird und sich seine geheimnisvolle »Gleichzeitigkeit« enthüllt. Jeden Tag hat mein Glaube im konsekrierten Brot und im konsekrierten Wein den göttlichen Wegbegleiter erkennen können, der sich eines Tages an die Seite der beiden Emmausjünger gesellte, um ihnen die Augen für das Licht und das Herz für die Hoffnung zu öffnen (vgl. *Lk* 24, 13-35).

Erlaubt mir, meine lieben Brüder und Schwestern, dass ich mein Zeugnis des Glaubens an die heiligste Eucharistie mit inniger Begeisterung ablege, um euch im Glauben zu begleiten und zu stärken. »*Ave, verum corpus natum de Maria Virgine, vere passum, immolatum, in cruce pro homine!*«. Hier ist der Schatz der Kirche, das Herz der Welt, das Unterpfand des Ziels, nach dem sich jeder Mensch, und sei es auch unbewusst, sehnt; ein großes Geheimnis, das uns überragt und die Fähigkeit unseres Geistes gewiss auf die harte Probe stellt, über den Augenschein hinauszugehen.

Hier täuschen sich unsere Sinne – »*visus, tactus, gustus in te fallitur*«, heißt es im Hymnus *Adoro te devote* – , doch der Glaube allein genügt uns, der verwurzelt ist im Wort Christi, das uns von den Aposteln überliefert wurde. Erlaubt mir, dass ich – wie Petrus am Ende der eucharistischen Rede im Johannesevangelium – im Namen der ganzen Kirche und im Namen eines jeden von euch zu Christus sage: »Herr, zu wem sollen wir gehen? Du hast Worte des ewigen Lebens« (*Joh* 6, 68).

60. Am Beginn dieses dritten Jahrtausends sind wir alle als Kinder der Kirche aufgerufen, mit neuem Schwung im christlichen Leben voranzuschreiten. Im Apostolischen Schreiben *Novo millennio ineunte* habe ich geschrieben: »Es geht nicht darum, ein "neues Programm" zu erfinden. Das Programm liegt schon vor: Seit jeher besteht es, zusammengestellt vom Evangelium und von der lebendigen Tradition. Es findet letztlich in Christus selbst seine Mitte. Ihn gilt es kennenzulernen, zu lieben und nachzuahmen, um in ihm das Leben des dreifaltigen Gottes zu leben und mit ihm der Geschichte eine neue Gestalt zu geben, bis sie sich im himmlischen Jerusalem erfüllt«.[103] Die Umsetzung dieses Programms für einen neuen Schwung im christlichen Leben geht über die Eucharistie.

Jedes Bemühen um Heiligkeit, jede Tat, die auf die Verwirklichung der Sendung der Kirche ausgerichtet ist, jede Umsetzung pastoraler Pläne muss die notwendige Kraft aus dem eucharistischen Mysterium beziehen und auf dieses Mysterium als ihren Höhepunkt hingeordnet sein.

In der Eucharistie haben wir Jesus, haben wir sein Erlösungsopfer, haben wir seine Auferstehung, haben wir die Gabe des Heiligen Geistes, haben wir die Anbetung, den Gehorsam und die Liebe zum Vater. Würden wir die Eucharistie vernachlässigen, wie könnten wir unserer Armut abhelfen?

61. Das eucharistische Mysterium – Opfer, Gegenwart, Mahl – *darf nicht verkürzt und nicht verzweckt werden.* Man muss es in seiner Fülle leben: während der Feier selbst, beim innigen Zwiegespräch mit Jesus nach dem Empfang der Kommunion, in der Zeit der eucharistischen Anbetung außerhalb der Messe. Dann wird die Kirche unerschütterlich auferbaut und es drückt sich das aus, was sie wahrhaft ist: die eine, heilige, katholische und apostolische Kirche; Volk, Heiligtum und Familie Gottes; Leib und Braut Christi, beseelt durch den Heiligen Geist; allumfassendes Heilssakrament und hierarchisch gegliederte Gemeinschaft.

Der Weg der Kirche in diesen ersten Jahren des dritten Jahrtausends ist auch *der Weg eines erneuerten ökumenischen Einsatzes.* Die letzten Jahrzehnte des zweiten Jahrtausends, die im Großen Jubiläum gipfelten, haben uns in diese Richtung gedrängt und alle Getauften angespornt, sich das Gebet Jesu »ut unum sint« (*Joh* 17, 11) zu eigen zu machen. Es ist ein langer Weg, auf dem es viele Hindernisse gibt, die das menschliche Vermögen übersteigen; aber wir haben die Eucharistie und vor ihr können wir jene Worte, die der Prophet Elija hörte, in der Tiefe des Herzens vernehmen, so als ob sie an uns gerichtet wären: »Steh auf und iss, sonst ist der Weg zu weit für dich« (*1 Kön* 19, 7).

Der Schatz der Eucharistie, den uns der Herr anvertraut hat, sport uns an, nach dem Ziel der vollen eucharistischen Gemeinschaft mit allen Brüdern und Schwestern zu streben, mit denen uns die gemeinsame Taufe verbindet. Um einen solchen Schatz nicht zu vergeuden, müssen allerdings die Anforderungen beachtet werden, die sich von seiner Natur als Sakrament der Gemeinschaft im Glauben und in der apostolischen Sukzession ableiten.

Indem wir der Eucharistie die volle Bedeutung beimessen, die ihr zukommt, und mit aller Sorgfalt darauf bedacht sind, dass keine ihrer Dimensionen oder Ansprüche abgeschwächt werden, sind wir uns wirklich bewusst, wie groß diese Gabe ist. Dazu lädt uns eine ununterbrochene Überlieferung ein, die zeigt, dass die christliche Gemeinschaft seit den ersten Jahrhunderten diesen »Schatz« wachsam gehütet hat. Von der Liebe gedrängt, sorgt sich die Kirche darum, den Glauben und die Lehre über das eucharistische Mysterium den nachfolgenden christlichen Generationen weiterzugeben, ohne irgendeinen Aspekt aufzugeben. In der Sorge um dieses Geheimnis kann man nicht übertreiben, weil »in diesem Sakrament das ganze Mysterium unseres Heiles zusammengefasst ist«.[104]

Begeben wir uns, meine lieben Brüder und Schwestern, *in die Schule der Heiligen,* der großen Interpreten der wahren eucharistischen Frömmigkeit. In ihnen erlangt die Theologie der Eucharistie den vollen Glanz gelebter Wirklichkeit, sie »steckt uns an«, sie »entflammt« uns gewissermaßen. *Hören wir* vor allem *auf die selige Jungfrau Maria*, in der das eucharistische Mysterium mehr als in jedem anderen Menschen als *Geheimnis des Lichtes* offenbar wird.

Im Blick auf sie erkennen wir die *verwandelnde Kraft, die der Eucharistie innewohnt*. In ihr sehen wir die Welt, die in der Liebe erneuert ist. Wenn wir Maria betrachten, die mit Leib und Seele in den Himmel aufgenommen ist, sehen wir ein Stück des »neuen Himmels« und der »neuen Erde«, die sich bei der zweiten Ankunft Christi vor unseren Augen öffnen werden.

62. Die Eucharistie ist hier auf Erden ihr Unterpfand und in gewisser Weise ihre Vorwegnahme: »*Veni, Domine Iesu!*« (*Offb* 22, 20).

Im demütigen Zeichen von Brot und Wein, die in seinen Leib und in sein Blut wesensverwandelt werden, geht Christus mit uns; er ist unsere Kraft und unsere Wegzehrung, er macht uns für alle zu Zeugen der Hoffnung. Wenn vor diesem Mysterium der Verstand seine Grenzen erfährt, so erahnt doch das Herz, das von der Gnade des Heiligen Geistes erleuchtet ist, wie man sich davor verhalten und in Anbetung und grenzenloser Liebe darin versenken soll.

Machen wir uns die Gesinnung des heiligen Thomas von Aquin zu eigen, dieses vortrefflichen Theologen, der den eucharistischen Christus auch mit leidenschaftlicher Glut besungen hat. Möge unser Geist sich öffnen in der Hoffnung auf die Betrachtung des Zieles, nach dem sich unsere Herzen sehnen, die nach Freude und Frieden dürsten:

»Bone pastor, panis vere,
Iesu, nostri miserere...«.

>*»Guter Hirt, du wahre Speise,*
>
>*Jesus, gnädig dich erweise!*
>
>*Nähre uns auf deinen Auen,*
>
>*lass uns deine Wohnung schauen*
>
>*in des Lebens ewigem Reich!*
>
>*Du, der alles weiß und leitet,*
>
>*uns im Tal des Todes weidet,*
>
>*lass an deinem Tisch uns weilen,*
>
>*deine Herrlichkeit uns teilen.*
>
>*Deinen Seligen mach uns gleich!«.*

Gegeben in Rom, bei Sankt Peter, am 17. April 2003, Gründonnerstag, im 25. Jahr meines Pontifikats, im Jahr des Rosenkranzes.

IOANNES PAULUS II

ANMERKUNGEN

[1]II. Vatikanisches Konzil, Dogmatische Konstitution über die Kirche *Lumen gentium*, 11.

[2]II. Vatikanisches Konzil, Dekret über Dienst und Leben der Priester *Presbyterorum ordinis*, 5.

[3]Vgl. Johannes Paul II., Apostolisches Schreiben *Rosarium Virginis Mariae* (16. Oktober 2002), 21: *AAS* 95 (2003), 19.

[4]Diesen Titel wollte ich einem autobiographischen Zeugnis geben, das ich aus Anlaß meines fünfzigjährigen Priesterjubiläums veröffentlicht habe.

[5]*Leonis XIII Acta* XXII (1903), 115-136.

[6]*AAS*39 (1947), 521-595.

[7]*AAS*57 (1965), 753-774.

[8]*AAS*72 (1980), 113-148.

[9]Vgl. II. Vatikanisches Konzil, Konstitution über die heilige Liturgie *Sacrosanctum Concilium*, 47: »*Salvator noster [...] Sacrificium Eucharisticum Corporis et Sanguinis sui instituit, quo Sacrificium Crucis saecula, donec veniret, perpetuaret*«.

[10]*Katechismus der Katholischen Kirche*, 1085.

[11]II. Vatikanisches Konzil, Dogmatische Konstitution über die Kirche *Lumen gentium*, 3.

[12]Vgl. Paul VI., *Credo des Gottesvolkes* (30. Juni 1968), 24: *AAS* 60 (1968), 442; Johannes Paul II., Apostolisches Schreiben *Dominicae Cenae* (24. Februar 1980), 12: *AAS* 72 (1980), 142.

[13]*Katechismus der Katholischen Kirche*, 1382.

[14]*Ebd.*, 1367.

[15]Hl. Johannes Chrysostomus, *In Epistolam ad Hebraeos homiliae*, 17, 3: *PG* 63, 131.

[16]Vgl.Konzil von Trient, 22. Sitzung, *Lehre über das Meßopfer*, Kap. 2: *DH* 1743: »Denn die Opfergabe ist ein und dieselbe; derselbe, der sich damals am Kreuze opferte, opfert sich jetzt durch den Dienst des Priesters; allein die Weise des Opferns ist verschieden«.

[17]Vgl. Pius XII., Enzyklika *Mediator Dei* (20. November 1947): *AAS* 39 (1947), 548.

[18]Johannes Paul II., Enzyklika *Redemptor hominis* (15. März 1979), 20: *AAS* 71 (1979), 310.

[19]II. Vatikanisches Konzil, Dogmatische Konstitution über die Kirche *Lumen gentium,* 11.

[20]Hl. Ambrosius, *De sacramentis*, V, 4, 26: *CSEL* 73, 70.

[21]Hl. Cyrill von Alexandrien, *In Ioannis Evangelium*, XII, 20: *PG* 74, 726.

[22]Paul VI., Enzyklika *Mysterium Fidei* (3. September 1965): *AAS* 57 (1965), 764.

[23]Konzil von Trient, 13. Sitzung, *Dekret über das Sakrament der Eucharistie*, Kap. 4: *DH* 1642.

[24]Hl. Cyrill von Jerusalem, *Mystagogische Katechesen*, IV, 6: *SCh* 126, 138.

[25]II. Vatikanisches Konzil, Dogmatische Konstitution über die göttliche Offenbarung *Dei Verbum*, 8.

[26]Paul VI., *Credo des Gottesvolkes* (30. Juni 1968), 24: *AAS* 60 (1968), 442-443.

[27]Hl.Ephräm, *Sermo IV in Hebdomadam Sanctam: CSCO* 413 / *Syr.* 182, 55.

[28]*Anaphora.*

[29]*Drittes eucharistisches Hochgebet.*

[30]*Breviarium Romanum,* Antiphon zum *Magnificat* der 2. Vesper vom Hochfest des Leibes und Blutes Christi.

[31]*Missale Romanum*, Embolismus nach dem Vater unser.

[32]Hl. Ignatius von Antiochien, *Epistula ad Ephesios*, 20: *PG* 5, 661.

[33]Vgl. II. Vatikanisches Konzil, Pastoralkonstitution über die Kirche in der Welt von heute *Gaudium et spes*, 39.

[34]»Willst du den Leib des Herrn ehren? Vernachlässige ihn nicht, wenn er unbekleidet ist. Ehre ihn nicht hier im Heiligtum mit Seidenstoffen, um ihn dann draußen zu vernachlässigen, wo er Kälte und Nacktheit erleidet. Jener, der gesagt hat: "Dies ist mein Leib", ist der gleiche, der gesagt hat: "Ihr habt mich hungrig gesehen und mir nichts zu essen gegeben", und "Was ihr dem geringsten meiner Brüder getan habt, das habt ihr mir getan."

[...] Was nützt es, wenn der eucharistische Tisch überreich mit goldenen Kelchen bedeckt ist, während er Hunger leidet? Beginne damit, den Hungrigen zu sättigen, dann verziere den Altar mit dem, was übrigbleibt«: Hl. Johannes Chrysostomus, *In Evangelium S. Matthaei homiliae*, 50, 34: *PG* 58, 508-509; vgl. Johannes Paul II., Enzyklika *Sollicitudo rei socialis* (30. Dezember 1987), 31: *AAS* 80 (1988), 553-556.

[35]II. Vatikanisches Konzil, Dogmatische Konstitution über die Kirche *Lumen gentium*, 3.

[36]*Ebd.*

[37]II. Vatikanisches Konzil, Dekret über die Missionstätigkeit der Kirche *Ad gentes*, 5.

[38]»Da nahm Mose das Blut, besprengte damit das Volk und sagte: Das ist das Blut des Bundes, den der Herr aufgrund all dieser Worte mit euch geschlossen hat« (*Ex* 24,8).

[39]Vgl. II. Vatikanisches Konzil, Dogmatische Konstitution über die Kirche *Lumen gentium*, 1.

[40]Vgl. *ebd.*, 9.

[41]Vgl. II. Vatikanisches Konzil, Dekret über Dienst und Leben der Priester *Presbyterorum ordinis*, 5. Das gleiche Dekret sagt in der № 6: »Die christliche Gemeinde wird aber nur auferbaut, wenn sie Wurzel und Angelpunkt in der Feier der Eucharistie hat«.

[42]Hl. Johannes Chrysostomus, *In Epistolam I ad Corinthos homiliae*, 24, 2: *PG* 61, 200; vgl. *Didaché*, IX, 4: F.X. Funk, I, 22; Hl.Cyprian, *Epistula LXIII*, 13: *PL* 4, 384.

[43]*Anaphora der Liturgie des heiligen Jakobus.*

[44]II. Vatikanisches Konzil, Dogmatische Konstitution über die Kirche *Lumen gentium*, 1.

[45]Vgl. Konzil von Trient, 13. Sitzung, *Dekret über das Sakrament der Eucharistie*, Kan. 4: *DH* 1654.

[46]Vgl. *Rituale Romanum: De sacra communione et de cultu mysterii eucharistici extra Missam*, 36 (n. 80).

[47]Vgl. *ebd.*, 38-39 (nn. 86-90).

[48]Johannes Paul II., Apostolisches Schreiben *Novo millennio ineunte* (6. Januar 2001), 32: *AAS* 93 (2001), 288.

[49]»Außerdem sollen sie [die Gläubigen] es nicht unterlassen, das heiligste Sakrament, das an einem bevorzugten Ort und mit größter Ehrfurcht den liturgischen Gesetzen entsprechend in den Kirchen aufzubewahren ist, tagsüber zu besuchen. Ein solcher Besuch ist ein Beweis der Dankbarkeit und ein Zeichen der Liebe wie der schuldigen Verehrung gegenüber Christus dem Herrn, der hier gegenwärtig ist«: Paul VI., Enzyklika *Mysterium Fidei* (3.September 1965): *AAS* 57 (1965), 771.

[50] *Visite al SS. Sacramento ed a Maria Santissima*, Introduzione: *Opere ascetiche*, Avellino 2000, p. 295.

[51]*Katechismus der Katholischen Kirche*, 857.

[52]*Ebd.*

[53]*Ebd.*

[54]Vgl. Kongregation für die Glaubenslehre, Schreiben über einige Fragen bezüglich des Dieners der Eucharistie *Sacerdotium ministeriale* (6.August 1983), III. 2: *AAS* 75 (1983), 1005.

[55]II. Vatikanisches Konzil, Dogmatische Konstitution über die Kirche *Lumen gentium,* 10.

[56]*Ebd.*

[57]Vgl. *Missale Romanum,* Institutio generalis: Editio typica tertia, Typis Vaticanis 2002, 48 (n. 147).

[58]Vgl. II. Vatikanisches Konzil, Dogmatische Konstitution über die Kirche *Lumen gentium,* 10 und 28; Dekret über Dienst und Leben der Priester *Presbyterorum ordinis*, 2.

[59]»Der Diener des Altares handelt in der Person Christi als Haupt, der im Namen aller Glieder darbringt«: Pius XII., Enzyklika *Mediator Dei* (20. November 1947): *AAS* 39 (1947), 556; vgl. Pius X., Apostolisches Lehrschreiben *Haerent animo* (4. August 1908): *Pii X Acta* IV (1909), 16; Pius XI., Enzyklika *Ad catholici sacerdotii* (20. Dezember 1935): *AAS* 28 (1936), 20.

[60]Johannes Paul II., Apostolisches Schreiben *Dominicae Cenae* (24. Februar 1980), 8: *AAS* 72 (1980), 128-129.

[61]Kongregation für die Glaubenslehre, Schreiben über einige Fragen bezüglich des Dieners der Eucharistie *Sacerdotium ministeriale* (6. August 1983), III. 4: *AAS* 75 (1983), 1106; vgl.IV. Laterankonzil, Kap. 1. Der katholische Glaube *Firmiter credimus: DH* 802.

[62]II. Vatikanisches Konzil, Dekret über den Ökumenismus *Unitatis redintegratio*, 22.

[63]Johannes Paul II., Apostolisches Schreiben *Dominicae Cenae* (24. Februar 1980), 2: *AAS* 72 (1980), 115.

[64]II. Vatikanisches Konzil, Dekret über Dienst und Leben der Priester *Presbyterorum ordinis*, 14.

[65]*Ebd.*, 13; vgl. *CIC*, can. 904; *CCEO*, can. 378.

[66]II. Vatikanisches Konzil, Dekret über Dienst und Leben der Priester *Presbyterorum ordinis*, 6.

[67]Vgl. Bischofssynode, Zweite Außerordentliche Generalversammlung (1985), Relazione finale, II. C. 1: *L'Osservatore Romano*, 10. Dezember 1985, 7.

[68]II. Vatikanisches Konzil, Dogmatische Konstitution über die Kirche *Lumen gentium*, 26.

[69]Nicolas Cabasilas, *Das Leben in Christus*, IV, 10: *SCh* 355, 270.

[70]Hl. Theresia von Jesus*, Weg der Vollkommenheit*, c. 35.

[71]II. Vatikanisches Konzil, Dogmatische Konstitution über die Kirche *Lumen gentium*, 14.

[72]Vgl. Kongregation für die Glaubenslehre, Schreiben

über einige Aspekte der Kirche als Communio *Communionis notio* (28. Mai 1992), 4: *AAS* 85 (1993), 839-840.

[73]Hl. Johannes Chrysostomus, *Omelia in Isaiam*, 6, 3: *PG* 56, 139.

[74]*Katechismus der Katholischen Kirche*, 1385; vgl. *CIC*, can. 916; *CCEO*, can. 711.

[75]Johannes Paul II., Ansprache an die Mitglieder der heiligen Pönitentiarie und an die Beichtväter der römischen Patriarchalbasiliken (30. Januar 1981): *AAS* 73 (1981), 203; vgl. Konzil von Trient, 13. Sitzung, *Dekret über das Sakrament der Eucharistie*, Kap. 7 und Kan. 11: *DH* 1647, 1661.

[76]Vgl. *CIC*, can. 915; *CCEO*, can. 712.

[77]II. Vatikanisches Konzil, Dogmatische Konstitution über die Kirche *Lumen gentium*, 14.

[78]Hl. Thomas von Aquin, *Summa theologiae*, III, q. 73, a. 3 c.

[79]Kongregation für die Glaubenslehre, Schreiben über einige Aspekte der Kirche als Communio *Communionis notio* (28. Mai 1992), 11: *AAS* 85 (1993), 844.

[80]Vgl. II. Vatikanisches Konzil, Dogmatische Konstitution über die Kirche *Lumen gentium*, 23.

[81]Hl. Ignatius von Antiochien, *Epistola ad Smyrnaeos*, 8, 1: PG 5, 713.

[82]II. Vatikanisches Konzil, Dogmatische Konstitution über die Kirche *Lumen gentium*, 23.

[83]Kongregation für die Glaubenslehre, Schreiben über einige Aspekte der Kirche als Communio *Communionis notio* (28. Mai 1992), 14: *AAS* 85 (1993), 847.

[84]Hl. Augustinus, *Sermo* 272: *PL* 38, 1247.

[85]*Ebd.*, 1248.

[86]Vgl. Johannes Paul II., Apostolisches Schreiben *Dies Domini* (31. Mai 1998), 31-51: *AAS* 90 (1998), 731-746.

[87]Vgl. *ebd.*, 48-49: *AAS* 90 (1998), 744.

[88]Johannes Paul II., Apostolisches Schreiben *Novo millennio ineunte* (6. Januar 2001), 36: *AAS* 93 (2001), 291-292.

[89]Vgl. II. Vatikanisches Konzil, Dekret über den Ökumenismus *Unitatis redintegratio,* 1.

[90]Vgl. II. Vatikanisches Konzil, Dogmatische Konstitution über die Kirche *Lumen gentium,* 11.

[91]»Gib, daß wir, die wir an dem einen Brot und dem einen Kelch teilhaben, miteinander in der Gemeinschaft des einen Heiligen Geistes verbunden werden«: *Anaphora der Liturgie des heiligen Basilius.*

[92]Vgl. *CIC,* can. 908; *CCEO,* can. 702; Päpstlicher Rat zur Förderung der Einheit der Christen, *Direktorium zur Ausführung der Prinzipien und Normen über den Ökumenismus* (25. März 1993), 122-125, 129-131: *AAS* 85 (1993), 1086-1089; Kongregation für die Glaubenslehre, Schreiben *Ad exsequendam* (18. Mai 2001): *AAS* 93 (2001), 786.

[93]»Wenn eine *Communicatio in sacris* die Einheit der

Kirche verletzt oder wenn sie eine formale Bejahung einer Irrlehre, die Gefahr eines Glaubensabfalls, eines Ärgernisses oder religiöser Gleichgültigkeit in sich birgt, dann ist sie durch göttliches Gesetz verboten«: II. Vatikanisches Konzil, Dekret über die katholischen Ostkirchen *Orientalium Ecclesiarum*, 26.

[94]Johannes Paul II., Enzyklika *Ut unum sint* (25. Mai 1995), 45: *AAS* 87 (1995), 948.

[95] Vgl. II. Vatikanisches Konzil, Dekret über die katholischen Ostkirchen *Orientalium Ecclesiarum*, 27.

[96] Vgl. *CIC*, can. 844 §§ 3-4; *CCEO*, can. 671 §§ 3-4.

[97] Johannes Paul II., Enzyklika *Ut unum sint* (25.Mai 1995), 46: *AAS* 87 (1995), 948.

[98] Vgl. II. Vatikanisches Konzil, Dekret über den Ökumenismus *Unitatis redintegratio,* 22.

[99] Vgl. *CIC*, can. 844; *CCEO*, can. 671.

[100] Vgl. Johannes Paul II., Brief an die Künstler (4. April 1999): *AAS* 91 (1999), 1155-1172.

[101] Johannes Paul II., Apostolisches Schreiben *Ecclesia in Asia* (6. November 1999), 22: *AAS* 92 (2000), 485.

[102] Vgl. Johannes Paul II., Apostolisches Schreiben *Rosarium Virginis Mariae* (16. Oktober 2002), 21: *AAS* 95 (2003), 20.

[103] Johannes Paul II., Apostolisches Schreiben *Novo millennio ineunte* (6. Januar 2001), 29: *AAS* 93 (2001), 285.

[104] Hl. Thomas von Aquin, *Summa theologiae*, III, q. 83, a. 4 c.